老年大学教材系列

中国老年大学协会高校老年大学工作委员会推荐教材

旅游文化

北京航空航天大学离退休工作处 编著

北京航空航天大学出版社

内容简介

本书旨在帮助老年读者在国外旅游时更好地了解当地的风土人情，提升旅游体验，丰富旅程安排。本书从历史和文化的角度切入，将国外主要旅游景点背后的文化故事展现出来，以趣味性的叙述方式展示各国风土人情，在编排上也方便广大老年读者学习和阅读，以满足新形势下老年教育事业发展的需要。

本书可作为老年大学教材使用，也可供广大老年读者在国外旅行时参考使用。

图书在版编目(CIP)数据

旅游文化 / 北京航空航天大学离退休工作处编著. 北京 ：北京航空航天大学出版社，2024.8. -- ISBN 978-7-5124-4464-5

Ⅰ. F590-05

中国国家版本馆 CIP 数据核字第 2024PW8206 号

旅 游 文 化

北京航空航天大学离退休工作处 编著

策划编辑 刘 扬 责任编辑 于 洋

*

北京航空航天大学出版社出版发行

北京市海淀区学院路 37 号(邮编 100191) http://www.buaapress.com.cn

发行部电话：(010)82317024 传真：(010)82328026

读者信箱：bhpress@263.net 邮购电话：(010)82316936

北京建宏印刷有限公司印装 各地书店经销

*

开本：787×1 092 1/16 印张：15.75 字数：403 千字

2024 年 8 月第 1 版 2024 年 8 月第 1 次印刷

ISBN 978-7-5124-4464-5 定价：89.00 元

编 委 会

主　编　查国清

副主编　郭　磊　何　颖

编　委　李　京　梁　桐　李亚玲　孙　晶

刘少谦　高　槿

目　　录

第 1 章　法　国

1.1　认识法国

1.1.1　文史徜徉

在法国发现的最早人类遗迹距今大约有 200 万年的历史，曾有穴居人、尼安德特人和直立人生活在这里，这些古人留下了从旧石器时代到铁器时代的人类遗迹，包括洞穴雕刻、壁画以及石墓等。

纳尔梅尔里奥洞穴的斑马壁画

公元前 1000 年，凯尔特人自中欧迁入如今的法国。公元前 1 世纪，罗马的高卢人总督恺撒占领了全部高卢，高卢从此受罗马统治达 500 年之久。屋大维统治时期，高卢经济发达，农业、纺织业和冶金业繁荣，罗马式的凯旋门、竞技场等点缀着美丽的城市。

法国阿尔勒竞技场

476年，西罗马帝国灭亡，高卢遭受法兰克人入侵。随着罗马帝国的衰落，法国历史上第一个朝代——墨洛温王朝开始建立，持续时间为481—715年。507年，克洛维击败西哥特。6世纪中叶，法兰克人完全征服高卢，建立法兰克王国。508年，法兰克王国迁都巴黎。自此之后，巴黎成为法国的首都。751年，丕平在教皇的支持下废除墨洛温王朝，建立加洛林王朝，这也是法国历史上第二个朝代。843年，加洛林王朝分裂，法兰西、意大利、德意志的雏形产生，其中西法兰克是法国的雏形，其国王查理二世被认为是法兰西的第一位国王。987年，卡佩王朝建立，封建割据和农奴制度形成，这是法国历史上第三个王朝。10世纪后，封建社会迅速发展。11—12世纪，西欧城市兴起。1337年，英国国王觊觎法国王位，发动“百年战争”。“百年战争”初期，法国大片土地被英国侵占，法国国王被俘，巴黎沦陷。后来法国人民进行反侵略战争，涌现出著名的民族英雄“圣女贞德”。“百年战争”于1453年结束。

英法“百年战争”

圣女贞德

“百年战争”后，王权逐渐加强，市民阶级逐渐兴起，文艺复兴运动发展至顶峰，文学界分为以“七星诗社”为代表的贵族派和以拉伯雷为代表的民主派，为诗歌理论和语言发展做出了重要贡献，促进了法国的民族统一，同时也促进了民族文学的发展。拉伯雷的《巨人传》充分体现了人文主义者对人、人性和人的创造力的肯定，在欧洲文学史上具有重要的地位。

15 世纪末至 16 世纪初，中央集权国家形成。17 世纪中叶，君主专制达到顶峰。随后，18 世纪引发了文艺复兴之后的又一场思想解放运动——启蒙运动。这一时期，法国涌现出以孟德斯鸠、伏尔泰和卢梭为代表的众多思想家。孟德斯鸠以《论法的精神》成为国家学说的重要奠基人，伏尔泰以“天赋人权”的思想成为启蒙运动的领导者，卢梭则以《社会契约论》探寻人类社会的本质。

《巨人传》插画

17 世纪开始，法国的古典文学迎来了辉煌时期，相继出现了莫里哀、司汤达、巴尔扎克、大仲马、维克多・雨果、福楼拜、小仲马、左拉、居伊・德・莫泊桑、罗曼・罗兰等文学巨匠，他们的许多作品成为世界文学的瑰宝。其中，《巴黎圣母院》《红与黑》《高老头》《基督山伯爵》《悲惨世界》和《约翰・克利斯朵夫》等已被翻译成多国文字版本，在世界上广为流传。

孟德斯鸠、伏尔泰和卢梭

随着启蒙运动的发展以及资产阶级力量的壮大，君主制的弊端逐渐加剧了法国的社会矛盾。1789 年 5 月 5 日，法国大革命爆发，三级会议在凡尔赛宫召开。7 月 14 日，手持武器的巴黎市民攻占了巴士底监狱，监狱里当时只关押着 7 个人，市民们却为此激战了一天，有 98 个人牺牲。8 月 26 日，法国大革命的纲领《人权和公民权宣言》正式通过。1791 年，法国颁布宪法，成为君主立宪制国家。1792 年 9 月 22 日，法兰西第一共和国成立。

电影《茶花女》剧照(改编自小仲马代表作)

巴黎市民攻占巴士底狱

1799年11月9日，拿破仑·波拿巴夺取政权。1804年12月2日，拿破仑在巴黎圣母院举行了一场盛大的加冕典礼，成为法兰西第一帝国的皇帝。在位期间，拿破仑颁布了《拿破仑法典》，这是资本主义国家的第一部宪法。1815年拿破仑下台后，波旁王朝复辟，引起了推翻王朝的七月革命，著名画作《自由引导人民》描绘的便是这一事件，这幅画成为法国资产阶级革命的史诗级作品，画中的女性已经成为法兰西自由精神的象征。

拿破仑·波拿巴

1848年2月，法国爆发革命，建立第二共和国。1851年，路易·波拿巴总统发动政变，翌年12月建立第二帝国。1870年，法国在普法战争中战败后，成立第三共和国。1871年3月18日，巴黎人民举行武装起义，成立巴黎公社。同年5月底，巴黎公社被法国军队残酷镇压。第一次、第二次世界大战期间法国遭德国侵略，直至1940年6月法国贝当政府向德国投降，第三共和国覆灭。

画作《自由引导人民》

1944年6月，法国宣布成立临时政府，戴高乐担任首脑。1945年第二次世界大战结束，联合国成立，法国成为五个常任理事国之一。1946年，法国通过宪法，成立了第四共和国。1958年9月，法国通过新宪法，第五共和国成立，同年12月戴高乐当选为总统。1959年，法国宣布接受殖民地阿尔及利亚的民族自决，由此开始告别殖民主义。1963年，法国和联邦德国签订《法德友好条约》，从此与宿敌德国和解。1964年1月27日，法国与中华人民共和国建交，成为第一个承认新中国的西方大国。1966年，法国宣布退出北约并限令美国在一年内撤除在法国领土上的驻军和基地。1967年欧共体成立。1975年，欧洲安全及合作会议成员国签署赫尔辛基文件。1993年，欧盟成立。

近现代，法国的艺术在继承传统的基础上颇有创新，不但出现了罗丹这样的雕塑艺术大师，还出现了莫奈和马蒂斯等印象派、野兽派的代表人物。

戴高乐

莫奈《日出·印象》

1.1.2　今日速览

如今的法国，全称法兰西共和国，位于欧洲西部，首都巴黎是其政治、经济、文化和交通中心，卢浮宫博物馆和巴黎圣母院誉满全球，香榭丽舍被誉为世界上最美丽的大街，其地上与地下交通都非常便利。

1. 政　治

法国实行半总统制，这是介于总统制和议会制之间的一种国家政权形式，其主要特点是：

法国国旗

①总统由普选直接产生，旧宪法规定的任期为 7 年，2000 年 6 月后任期改为 5 年，可连选连任一次。总统权力很大，是国家权力的核心。宪法规定，总统通过自己的仲裁，保证公共权力机构的正常活动和国家的稳定。总统是国家独立、领土完整和遵守共同体协定与条约的保证人。总统除拥有任命高级文武官员、签署法令、军事权和外交权等一般权力外，还拥有任免总理和组织政府、解散国民议会、举行公民投票、宣布紧急状态等非常权力。②政府是中央最高行政机关，对议会负责，其权力和地位与之前相比已大为提高，除拥有决定和指导国家政策、掌管行政机构和武装力量、推行内外政策等权力外，还享有警察权和行政处置权、条例制订权和命令发布权。总理由总统任命，领导政府的活动，对国防负责，并确保法律的执行。实际上总理须听命于总统，起辅佐总统的作用。政府成员由总理提请总统任免。③议会由国民议会和参议院组成，其如今的地位和作用较第四共和国时期有所下降，原拥有的立法权、预算表决权和监督权三大传统权力受到总统和政府的限制，比如议会的立法内容和范围缩小、弹劾权受到严格的规定、议会无权干预总统选举和总理的任命。

2. 经　济

法国是一个高度发达的资本主义国家，是欧洲四大经济体之一。法国拥有发达的社会保障制度，是联合国安理会五大常任理事国之一，也是欧盟和北约创始会员国。2019 年，法国的经济总量为 2.76 万亿美元，在全球排名第七，人均 GDP 为 42 402 美元(约合人民币 295 000 元)，高于日本、低于德国。法国的第三产业贡献了巨大的 GDP 收入，占据总收入的 80%以上。除了商业、贸易、金融、保险之外，旅游业是法国非常重要的行业。法国每年接待的来自全球各地的游客高达 9 000 万左右人次，法国旅游业年收入大约为 545 亿美元，全球游客接待次数排名第一，是排名第二的美国的 5 倍，法国仅观光旅游业就占据全国 GDP 总量的 10%以上。因此，虽然法国人工作时间短，但创造的 GDP 却很高。

法国在福利方面是非常优厚的，在欧洲社会保险投入程度排名中，法国排在第一位，投入金额占 GDP 的 32%。法国公民从出生到死亡可以享受 400 多项名目繁多的福利保险。法国最突出的是医疗保险全民免费享有政策，根据个人收入情况，公民每年最多交一周的最低工资，而失业者还可以免交此费用。法国的国民教育同样很发达，从小学到大学都是全部免费的。此外，法国还是世界上节假日最长的国家，双休日、带薪的长假、法定的假日再加上很多其他的假日，法国人每年大约可以休息 150 天。

3. 文　化

巴黎的标志建筑——埃菲尔铁塔像一个钢铁巨人般高高地耸立在恬静的塞纳河畔。在法国最大港口和第二大城市马赛，你可以造访大仲马在小说《基督山伯爵》里描写过的监狱——伊夫堡监狱。

塞纳河

西南部城市波尔多酿酒历史悠久，其葡萄酒驰名于世。该城市酿造的特等波尔多红葡萄酒被认为是世界葡萄酒“皇后”，一瓶百年陈酒在国际市场上可售 3 万多美元。

法国菜以选材精细、制作考究闻名。松露、蜗牛、鹅肝酱是法国名菜，配以香醇的葡萄酒，确实是令人陶醉的美味，当然价格也非常昂贵。巴黎的米其林三星餐厅世界闻名，富豪名流在那里一掷千金，但普通巴黎人更留恋无拘无束的露天咖啡馆、街角实惠又地道的小餐馆，更热爱一天也离不开的牛角面包、黑咖啡，也许这些更能代表巴黎的美食性格。

位于地中海岸边的戛纳，是一座风景秀丽、气候宜人的小城，每年在此举办的戛纳电影节热闹非凡，其颁发的金棕榈奖被公认为是电影界最高荣誉之一。

FESTIVAL DE CANNES

戛纳电影节标志

法国的时装在世界上享有盛誉，其选料丰富、优异，设计大胆，制作技术高超，一直引领着世界时装潮流。巴黎有上千家时装店，老板们的口号是：时装不卖第二件。而在大街上，几乎看不到两位女士穿着一模一样的服装。

从 17 世纪开始，法国在工业设计、艺术设计领域的世界领先地位就已有目共睹，开设实用美术、建筑、时装设计、工业设计专业的学校也早已凭借其“法国制造”的商业硕果而闻名海外。

法国人天性率真、浪漫，喜欢大自然，有一半以上的法国家庭饲养各种小动物，家养动物总数量在 3 000 万只以上。法国人喜爱体育运动，比较流行的体育运动项目有足球、网球、橄榄球、地滚球、帆船、游泳、滑雪和自行车等。法国比较有名的大学有巴黎大学、里昂大学等。

1.2 旅游打卡

1.2.1 埃菲尔铁塔 La Tour Eiffel

1889 年，世博会在巴黎举办，这一年也是法国大革命爆发 100 周年。为庆祝这一时刻，法国人决定在巴黎建造一个可以代表法国荣誉和精神的建筑物，这便是后来的埃菲尔铁塔。埃菲尔铁塔矗立在塞纳河南岸法国巴黎的战神广场，是当时世界上最高的建筑物。埃菲尔铁塔得名于设计它的著名建筑师、结构工程师古斯塔夫·埃菲尔，铁塔全部由施耐德铁器（现施耐德电气）建造。

埃菲尔铁塔

作为世界著名建筑、法国文化象征之一、巴黎城市地标之一、巴黎最高建筑物，埃菲尔铁塔被法国人爱称为“铁娘子”。

埃菲尔铁塔分三楼，分别在离地面 57.6 米、115.7 米和 276.1 米处，其中一、二楼设有餐厅，三楼建有观景台，从塔座到塔顶共有 1 711 级阶梯。

1. 文化溯源

1964年，法国重要的文学理论家与文学批评家罗兰·巴特出版了名为《埃菲尔铁塔》的长篇散文作品，全书配以马丁尔关于埃菲尔铁塔的摄影作品。在书中，罗兰·巴特淡化了埃菲尔铁塔本身，而注重登临铁塔的体验。铁塔并不是通常的景物，登塔其实是一种历险，当我们登顶眺望巴黎时，就如同俯瞰大自然，在铁塔之上，我们把人潮涌动的巴黎城看作一种自然景观，这其实是人与自己的生存空间的和谐统一。

罗兰·巴特

2. 开放时间①

9:00—次日0:45(电梯)，9:00—次日0:45(楼梯)(4月12日—5月4日，6月14日—8月31日，周一—周日)。

9:30—23:45(电梯)，9:30—18:30(楼梯)(9月1日—次年4月11日，5月5日—6月13日，周一—周日)。

3. 门票价格①

电梯二层：成人16.7欧元，12～24岁8.4欧元，4～11岁、残疾人4.2欧元。

电梯顶层：成人26.1欧元，12～24岁13.1欧元，4～11岁、残疾人6.6欧元。

楼梯二层：成人10.8欧元，12～24岁5.2欧元，4～11岁、残疾人2.6欧元。

楼梯+电梯：成人19.9欧元，12～24岁9.9欧元，4～11岁、残疾人5欧元。

4岁以下免费。

4. 交通方式①

地铁：6、8和9号线。

---

① 温馨提示：本书中所有景点门票、开放时间、交通方式仅反映了截至本书出版前的相关信息，仅供参考，若前往参观，建议提前登录景点官网查询最新的信息。

公交:42、82 路。

游船:直接从塞纳河进入埃菲尔铁塔。

1.2.2 巴黎圣母院 Cathédrale Notre Dame de Paris

巴黎圣母院大教堂,正式名称为巴黎圣母主教座堂,是一座位于塞纳河畔、法国巴黎市中心、西堤岛上的哥特式基督教教堂建筑,是天主教巴黎总教区的主教座堂。它的地位、历史价值无与伦比,是历史上最为辉煌的建筑之一。

巴黎圣母院

巴黎圣母院始建于 1163 年 3 月 24 日,是巴黎大主教莫里斯・德・苏利决定兴建的,整座教堂在 1345 年全部建成,历时 182 年,正面双塔高约 69 米,是法兰西岛地区的哥特式教堂群里面具有关键代表意义的一座,它同时也是世界上第一座完全意义上的哥特式教堂。巴黎圣母院因为祭坛、回廊、门窗等处的雕刻和绘画艺术,以及堂内所藏的 13—17 世纪的大量艺术珍品闻名于世,是古老巴黎的象征。虽然这是一幢宗教建筑,但它闪烁着法国人民的智慧,反映了人们对美好生活的追求与向往。

巴黎圣母院全部采用石材建造,其特点是高耸挺拔,辉煌壮丽,整个建筑庄严和谐。其主立面是世界上哥特式建筑中最美妙、最和谐的:水平与竖直的比例近乎黄金比 1:0.618,立柱和装饰带把立面分为 9 块小的黄金比矩形。后世的许多基督教堂都模仿了它的样子。

2019 年 4 月 15 日,维修中的巴黎圣母院起火,标志性尖顶倒塌,2/3 的屋顶被毁,整座建筑损毁严重,但是圣母院主体结构保存完好。2021 年 3 月 5 日,巴黎圣母院完成重修准备,预计 2024 年完成修复工作。

1. 文化溯源

1831 年,雨果的长篇小说《巴黎圣母院》问世,这部浪漫主义小说中的代表作并非一部纯粹的爱情小说,而是一幅表现法国中世纪社会风貌的艺术画卷。从巴黎鸟瞰图的壮阔,到巴黎圣母院建筑的恢宏,雨果将浪漫主义文人对中世纪的怀旧情绪抒发得淋漓尽致。“巴黎圣母院

巴黎圣母院屋顶起火

尤其是这种变化的一个奇特的标本。这座可敬的纪念性建筑的每一面、每块石头，都不仅载入了我国的历史，而且载入了科学史和艺术史。”看似非理性的情绪宣泄却蕴含着深刻的道理：“最伟大的建筑物大半是社会的产物，而不是个人的产物。与其说它们是天才的创作，不如说它们是劳苦大众的艺术结晶。它们是民族的宝藏、世纪的积累，是人类社会才华不断升华所留下的残渣。”正是这些看似离题万里却鞭辟入里的评述，让这部小说成为人类文化遗产保护史上的一座丰碑，也让巴黎圣母院这座建筑奏出了“石头交响乐”的华美乐章。

巴黎圣母院内部结构

雨果

2. 交通方式

地铁：4 号线 Cité 站下车，向东步行即可抵达。

RER：B、C 线 Saint-Michel-Notre-Dame 站下车后可抵达。

公交：21、38、47、85、96 路至 Cité – Palais de Justice。

1.2.3 凯旋门 L’Arc de Triomphe de L’Étoile

巴黎凯旋门，即雄狮凯旋门，位于法国巴黎的戴高乐广场中央，香榭丽舍大街的西端。凯旋门是一座迎接外出征战的军队凯旋的大门，是现今世界上最大的圆拱门建筑。

凯旋门

凯旋门作为巴黎的地标建筑，位于巴黎交通的大动脉中心。凯旋门高 49.54 米，宽 44.82 米，前后相距 22.21 米，中心拱门高 36.6 米，宽 14.6 米。在凯旋门两面门墩的墙面上，有 4 组以战争为题材的大型浮雕："出征""胜利""和平"和"抵抗"，其中有些人物雕塑高达五六米。在凯旋门的内壁上刻着为法兰西征战的将军的名字，其中名字下方画了线的是在战场上阵亡的将军；而凯旋门门下地上的金属牌子上记录着各个重要时刻的重要人物、重要事迹和名人名句。

"出征""胜利""和平""抵抗"

第二次世界大战胜利后，戴高乐曾在这里阅兵。每年的 7 月 14 日是法国国庆日，当天会在凯旋门举行规模盛大的阅兵仪式。

1. 文化溯源

凯旋门

皮埃尔·勒韦迪(作)

唐果(译)

空气中千万的孔
朝着巢中
朝着拱门
在吱吱作响的屋顶尖上

这个宝藏上
还有一些历史的褶皱
时间拂过
苍穹下穿梭的车马

岛中的十字路口上
不留痕迹的黑夜里
街上的马车铃铛丁零作响

还有那些叫喊声
来自游行的人群
或者是骑士队伍

这个车马之列
在天空之拱门下显得更加壮阔
左右前后摇摆的箭
和我们忘却的历史

法国著名诗人皮埃尔·勒韦迪于20世纪初期创作的代表诗作《凯旋门》(唐果译)既富有现代主义的抒情特征,又颇具大师风范,将凯旋门下的世界描绘成一个苍穹下的世界,拱形的门保护着人们“鸟巢”般的家。

2. 开放时间

10:00—23:00,停止入场时间:22:15(4月1日—9月30日,周一—周日)。

10:00—22:30,停止入场时间:21:45(10月1日—次年3月31日,周一—周日)。

3. 门票价格

成人12欧元,优惠价6欧元(18～25岁),18岁以下以及18～25岁欧盟学生免费,11月1日—3月31日之间的每个月的第一个周日免费。

4. 交通方式

地铁:1、2、6 号线至戴高乐广场 Charles-de-Gaulle-Etoile 站。

RER:A 线至戴高乐广场 Charles-de-Gaulle-Etoile 站。

公交:22、30、31、52、73、92 路在凯旋门附近下车。

1.2.4 卢浮宫 Musée du Louvre

卢浮宫始建于 1204 年,是世界三大博物馆之一,原是法国的王宫,是法国古典主义时期最珍贵的建筑物之一。卢浮宫拥有的艺术收藏品达 40 万件以上,有从中世纪到现代的雕塑作品、数量惊人的王室珍玩以及绘画精品等。卢浮宫博物馆包括庭院在内占地 198 公顷(1.98 平方千米),自东向西横卧在塞纳河的右岸,两侧的长度均为 690 米。博物馆分为六大馆,即东方艺术馆、古希腊及古罗马艺术馆、古埃及艺术馆、珍宝馆、绘画馆及雕塑馆,分别陈列不同的展品。

卢浮宫

博物馆展出的 40 余万件展品中,包括希腊、罗马、埃及以及东方的珍贵文物,还有来自法国和意大利的远古遗物,陈列面积共 5.5 万平方米。其中,最著名的藏品被称为"卢浮宫三宝":《米洛斯的维纳斯》雕像、《蒙娜丽莎》油画和《胜利女神》石雕。

《米洛斯的维纳斯》雕像

《蒙娜丽莎》油画

《胜利女神》石雕

1. 文化溯源

《米洛斯的维纳斯》雕像

维纳斯是罗马神话中的爱与美神，也是象征丰饶多产的女神。《米洛斯的维纳斯》又称《断臂维纳斯》，是一尊半裸全身大理石雕，高 204 厘米，人物面容俊美，身材匀称，衣衫滑落至髋部，双臂残缺，显得端庄而妩媚，相传是古希腊亚历山德罗斯于公元前 150 年雕刻的。

关于维纳斯的断臂成因，有多种说法，比较可信的说法是在战斗中损毁。当这尊雕像在 1820 年的希腊被一名农民发现时，其双臂还是完整的，右臂下垂，手抚衣襟，左上臂伸过头，握着一颗苹果。这位农民分别向法国领事和希腊商人许诺出售这尊雕像，此事还引发英国海军介入，因而引发了混战，雕塑的双臂在战斗中不幸折损。不过也正因如此，残缺的美反而成为这尊雕像最负盛名的特点。

《蒙娜丽莎》

这幅油画又被称为《乔空达夫人》，被认为是达·芬奇艺术成就的最佳代表作，也是达·芬奇最喜爱的作品。画作塑造了一位美丽的妇女形象，她坐姿优雅，笑容微妙，背景山水幽深茫茫，淋漓尽致地发挥了画家那奇特的烟雾状“无界渐变着色法”般的笔法。据说无论观察者站在什么角度观察她的微笑，她的目光总是会盯着观察者，甚至有人声称看到她眨眼睛。还有研究人员利用微表情理论得出结论：蒙娜丽莎的微笑中，含有 83%的高兴、9%的厌恶、6%的恐惧、2%的愤怒。因此，“蒙娜丽莎的微笑”可谓艺术史上最著名的轶事之一。

达·芬奇

画作中人物的真实身份是几百年来艺术史学家争论的热点。目前较为可信的观点是，其原型是达·芬奇父亲一位朋友的妻子，名叫丽莎·格拉迪尼，画像完成于丽莎 24 岁那年。

《蒙娜丽莎》曾经在 1911 年被盗，盗贼是 30 岁的意大利人，卢浮宫油漆匠温琴佐·佩鲁贾。这位后来被证明患有轻度精神病的民族主义者早就处心积虑地想把本国的国宝迎回家。但是在他成功将画作带回意大利出售的时候，被买家发现并报警，画作最后被归还给了法国。

《胜利女神》石雕

《胜利女神》又名《萨莫色雷斯尼凯像》，是古希腊时期的作品，作者已不可考。胜利女神是胜利的化身，是提坦帕拉斯和斯堤克斯的女儿，其形象是长着一对翅膀、身材健美的女性，像从天上徜徉而下，衣袂飘然。2008 年北京奥运会奖牌正面的女神便是胜利女神。她还是宙斯和雅典娜的从神，在提坦战争中倒戈向奥林帕斯并助其获胜。

在 1863 年首次被发现于爱琴海北部的萨莫色雷斯岛时，雕像是分裂的碎块，直到后来逐渐修复，得以重新站立起来，但是头部和手臂依然缺失。

其他展品

除了举世闻名的三件藏品之外，卢浮宫还收藏了许多同样珍贵无比的艺术品和文物。

2008 年北京奥运会奖牌

坦尼斯的狮身人面像和图坦卡蒙像

拉斐尔《花园中的圣母》和奥古斯都头像

猫头鹰科林斯陶瓶和“堂吉诃德的故事”壁毯

2. 开放时间

9:00—18:00(周三和周五开放至21:45)。
停止入场时间:17:30(1月1日—12月31日,周一、周四、周六、周日)。
停止入场时间:21:30(1月1日—12月31日,周三、周五)。
不对外开放(1月1日—12月31日,周二)。

3. 门票价格

普通票:15欧元(1月1日—12月31日,周一—周日)。
免票:18岁以下未成年人。

4. 交通方式

地铁:乘坐1号或7号线至Palais-Royal-Musée du Louvre站。
公交:乘坐21、24、27、39、48、68、69、72、81、95路至Musée du Louvre站。
巴黎游览专线:乘坐游览专线至玻璃金字塔对面的站点。

1.2.5 协和广场 Place de la Concorde à Paris

协和广场位于巴黎市中心,塞纳河北岸,是法国最著名的广场之一,18世纪由国王路易十五下令营建。建造之初路易十五为了向世人展示他至高无上的皇权,取名路易十五广场。大革命时期,它被称为“革命广场”,被法国人民当作展示王权毁灭的舞台,路易十六、玛丽王后曾在这里被处决。

协和广场在1840年重新整修,中央矗立着由埃及总督赠送给查理五世的方尖碑,同时在这里还能欣赏到宏大的海神、河神喷泉。

1. 开放时间

全年全天。

协和广场

2. 交通方式

地铁：乘坐 1、8、12 号线至 Concorde 站。

公交：乘坐 24、42、72、73、84 路至 Concorde 站。

步行：从卢浮宫向西步行约 16 分钟。

1.2.6 尼姆古罗马竞技场 Arènes de Nîmes

气势雄伟而典雅的古罗马竞技场是尼姆的主要罗马古迹之一。竞技场建于 1 世纪，最初用作竞技场，现已变成剧院，其高 21 米，拥有 2 400 个座位。从竞技场外面可看到顶端的 60 道拱门，这里曾于 5 世纪被歌德人当作军事要塞。整个场地东西长 131 米，南北长 100 米。坐在竞技场顶层可眺望整个尼姆市风光。竞技场旁边是自由广场，广场面积非常大，与尼姆火车站遥遥相对。

尼姆竞技场

1. 开放时间

1 月—2 月、11 月—12 月：9：30—17：30。
3 月、10 月：9：00—18：00。
4 月—5 月、9 月：9：00—18：30。
6 月：9：00—19：00。
7 月—8 月：9：00—20：00。

2. 门票价格

全票：9 欧元。

3. 交通方式

列车：乘坐 TGV 列车到尼姆站。
自驾：从 A9 和 A54 高速公路的尼姆出口前往尼姆市中心。

1.2.7　凡尔赛宫 Château de Versailles

位于巴黎南郊外的凡尔赛宫，是世界五大宫之一，是典型的古典主义建筑，1979 年被列为世界文化遗产。凡尔赛宫的位置本来是一片森林和荒地，直到 1624 年被路易十三买下并修建了一座楼房，成为国王的狩猎行宫。如今的凡尔赛宫拥有 2 300 个房间，其作为法兰西王宫存在了 107 年，直到 1789 年。

凡尔赛宫

在这个传说中极尽奢侈颓靡的宫殿里,金色大门内建筑群宏伟壮丽。富丽堂皇的内饰极尽奢华,殿堂依旧不失惊艳,陈列着承载百年历史和寂寞的文物,让人在落定的尘埃中缅怀旧日时光。

拥有 357 面镜子的镜厅

凡尔赛宫内景

1. 开放时间

9:00—18:30(宫殿),7:00—20:30(公园),12:00—18:30(特里亚侬宫),8:00—20:30(花园)(4 月 1 日—10 月 31 日,周二—周日)。

9:00—17:30(宫殿),8:00—18:00(公园),12:00—17:50(特里亚侬宫),8:00—18:00(花

路易十四画像

园）(11月1日—次年3月31日，周二—周日)。

周一、公共假日及官方举行典礼时不对外开放。

2. 门票价格

19.5欧元。

3. 交通方式

RER：C5线至Versaille-Château Rive-Gauche站。

火车：从Paris Montparnasse站出发到Versailles Chantiers，或者从Paris Saint Lazare出发到Versailles Rive droite。

公交：A31路可以抵达。

1.2.8 香波城堡 Chateau de Chambord

香波城堡是法国国王弗朗西斯一世的绝世佳作，代表了他对梦想的执着和对艺术及奢华的热爱，在建筑方面超过了凡尔赛宫。香波城堡是文艺复兴时期的精品，古堡长、宽各有100多米，中间是正方形的主堡，两侧为六个圆锥形的巨大角楼。城河环绕四周，古堡背靠大森林，面倚大花园，绿树、鲜花、雕塑和清澈的湖水，给人以极佳的视觉享受。香波城堡共有440个房间，有13个主楼梯和70个副楼梯，周身共有365个壁炉。尖塔和钟楼直冲云霄，以示永恒。从正门步入主堡，立即置身于一个明亮宽敞的大理石宫殿之中，正对着著名的“双旋梯”，两组独立的楼梯相互交错地围绕着一个共同的轴心盘旋而上，同时上下楼梯的人可以相互看见，但不会碰面，堪称建筑史上一绝。

香波城堡

1. 开放时间

庄园全天开放。

城堡除 1 月 1 日、1 月 31 日、12 月 25 日外，全年开放。

1 月 2 日—3 月 29 日，10 月 1 日—12 月 31 日：9:00—17:00 开放。

3 月 30 日—9 月 30 日：9:00—18:00 开放。

2. 门票价格

全票：11 欧元。

优惠票：9 欧元(20 人及 20 人以上的团队)。

免票：欧盟国家 25 岁以下的个人，法国中小学教师。

3. 交通方式

自驾：从布卢瓦城区沿 D33 公路东行 15 千米，约 25 分钟可达。

1.2.9　塞纳河 La Seine

塞纳河发源于塔塞洛山，全长776.6千米，是法国第二大河，也是欧洲最重要的河流之一，因为穿越巴黎而闻名世界，有人曾称巴黎是“塞纳河的女儿”。塞纳河见证了法国历史的兴衰，而对塞纳河的利用和修葺贯穿法兰西的历史，如今的塞纳河具有重要的航运、水利水电和娱乐功能。塞纳河北岸被称为右岸，是巴黎的商圈与政治中心；南岸被称为左岸，有著名的咖啡店及拉丁区，充满文艺气息。

塞纳河

交通方式

RER：C线至Pont de l'Alma站下车后步行约8分钟，或至Champ de Mars站下车后步行约12分钟，可前往Bateaux Parisiens码头。

地铁：9号线至Alma-Marceau站下车后步行约5分钟，可前往Bateaux-Mouches码头。

1.2.10　香榭丽舍大街 Avenue des Champs-Elysées

香榭丽舍大街又称“凯旋大道”，是巴黎最浪漫的街道，也是各种时尚大牌的聚居地。香榭丽舍是由田园(Champs)和乐土(Elysées，音“爱丽舍”)两词构成。大街全长1 800米，东起协和广场，西至凯旋门，街道两侧种满了法国梧桐，同时又坐落着众多商业名店，宁静的自然风光和喧闹的繁华商业在香榭丽舍大街上和谐共存。

许多文学名著，包括《基督山伯爵》《茶花女》和《高老头》等都对大街的繁华进行了描述，这让其成为文学作品中贵族和资产阶级的娱乐天堂。如今，香榭丽舍大街也布满了潮流服饰、高

香榭丽舍大街

档珠宝和各类奢侈品店铺,包括 LV、Cartier 和 Dior 在内,是游客购物游览的打卡圣地。

交通方式

地铁:1、8、12 号线至 Concorde(协和广场);1、2、6 号线至 Charles-de Gaulle-Etoile(凯旋门)。

RER:A 线至 Charles-deGaulle-Etoile(凯旋门)。

1.2.11 巴黎歌剧院 Opéra de Paris

巴黎歌剧院又称加尼叶歌剧院,总面积超 1 万平方米,由查尔斯·加尼叶于 1861 年设计,是折衷主义代表作,其建筑将古希腊罗马式柱廊、巴洛克等几种建筑形式完美地结合在一起,规模宏大、精美细致、金碧辉煌,是一座绘画、大理石和金饰交相辉映的剧院。

巴黎歌剧院有着复杂的结构和悠久的历史,因此充满了神秘气息,同时,十分著名的《歌剧魅影》也出自这里,让巴黎歌剧院的魅力更加独树一帜。巴黎歌剧院还是古典芭蕾舞的摇篮,剧院中有举世闻名的巴黎歌剧院芭蕾舞团。

1. 门票价格

全票:11 欧元。

学生票:7 欧元。

团体最多可一次购买 10 张门票。

巴黎歌剧院

2. 交通方式

地铁:3、7、8号线至 Opéra 站。
RER:A 线至 Auber 站。

1.2.12 老佛爷百货公司(奥斯曼旗舰店) Galeries Lafayette

老佛爷百货公司坐落于奥斯曼大道40号,紧邻巴黎歌剧院,以其独具特色的拜占庭式建筑风格带给顾客非同一般的购物享受。诞生于1893年的老佛爷百货公司作为顶级的百货公司之一,在法国人眼里已经不单单是购买顶尖时尚单品的完美场所,更是法国时尚文化的缩影和发源地。

老佛爷百货公司

开放时间

周日：11：00—20：00。

周一—周六：9：30—20：30。

1.2.13 普罗旺斯 Provence

普罗旺斯，全称普罗旺斯-阿尔卑斯-蓝色海岸（Provence-Alpes-Côte d'Azur），是位于法国东南部的一个大区，毗邻地中海，和意大利接壤，是世界闻名的“薰衣草之乡”，同时也是“骑士之城”，这里诞生了中世纪重要的文学体裁“骑士抒情诗”。从5月的戛纳电影节开始，一直到9月，都是普罗旺斯的旅游季节，期间可以看到大片大片的薰衣草花田。

薰衣草花田

瓦伦索勒（Valensole）意为“艳阳普照的地方”，被称为最经典的普罗旺斯小镇之一。小镇北边是大片一望无际的花田，有“一棵树薰衣草”之称。此外，梵高钟爱的向日葵也在这里大量繁衍。每年7月的第三个周日，这里会举办薰衣草节，届时来自全球的爱好者都会在广阔的花田中流连，欣赏大自然的美丽。

向日葵

圣十字湖是普罗旺斯地区最美的内陆湖，有着蔚蓝色的湖水，位于陡峭的凡尔登大峡谷之间，若人们荡舟在圣十字湖中，便会感叹大自然的鬼斧神工。

圣十字湖

1.2.14 安纳西小镇 Annecy

安纳西是法国阿尔卑斯山区最美丽的小镇，人称“阿尔卑斯山的阳台”，又称“萨瓦省的威尼斯”。安纳西湖的水来自阿尔卑斯山的冰雪，被认为是全欧洲最干净的湖。城区的布置非常

安纳西小镇

用心，即使在冬天，也是绿树繁花、花团锦簇，一眼望去，满目斑斓。老城区中一处最著名的景点是河上的一座名为“中皇岛”的小岛，岛上的一座三角船型石造城堡是安纳西的代表性古建筑，它始建于12世纪，历经时代的变迁，直到现在仍旧是欧洲上镜率最高的建筑。此外，安纳西与中国阳朔是姊妹城市。

1.3 实用信息

1.3.1 使领馆信息

中华人民共和国驻法兰西共和国大使馆：
地址：20，Rue Monsieur-75007 Paris(巴黎第七区木樨街20号)。
电话：33(1)49521950。
办公时间：周一——周五(节假日除外)，上午：9:00—12:00，下午：14:30—18:00。

中华人民共和国驻斯特拉斯堡总领事馆：4 Rue Eugène Carrière，67000 Strasbourg。
中华人民共和国驻马赛总领事馆：16 Boulevard Carmagnole，13008，Marseille。
中华人民共和国驻里昂总领事馆：69，rue Duquesne，69006 Lyon。

1.3.2 日常用语

Bonjour，你好。
Merci，谢谢。
S'il vous plait，请。
Pardon，对不起。
Au revoir，再见。
Oui，是。
Non，不是。

Entrée，入口。
Sortie，出口。
Ouvert，营业。
Fermé，歇业。
Toilettes，卫生间。

第 2 章 德 国

2.1 认识德国

2.1.1 文史徜徉

在距今约 70 万年前，德国境内就已经有人类居住的痕迹。2—3 世纪，德国境内形成了日耳曼人部落，并且在 481 年建立了法兰克王国。843 年，查理曼大帝的子孙三分帝国，其分裂出的东法兰克王国就是如今德国的前身。911 年，第一个德意志国王康拉德登基，建立了早期封建国家。962 年，奥图一世称帝，形成了早期封建国家神圣罗马帝国，也被称为德意志第一帝国。1092 年，十字军第一次东征。1118 年，骑士文化达到全盛时期。1241 年，汉撒同盟成立。

神圣罗马帝国国旗

随后在 13 世纪中期，德国逐渐走向封建邦国割据，其中普鲁士和奥地利逐渐崛起，成为德意志邦国中重要的政治力量。1346 年，欧洲瘟疫流行。1386 年，海德堡大学创立。1415 年，捷克宗教改革者胡斯被教廷火刑处死。1517 年，马丁·路德在德国发起了宗教改革，发表了反对赎罪券的《九十五条论纲》，将圣经翻译为德语，被视为基督教新教的创立者，对日后的欧洲文化产生了巨大的影响。1618 年，新教和天主教的对立以及国内诸侯纷争不断，帝国爆发了内战，并且逐渐演变为欧洲国家混战，史称“三十年战争”。

马丁·路德

16—19 世纪，经历过文艺复兴、启蒙运动的德国涌现出许多哲学思想杰出的人物，因此，德意志民族也被称为“哲学的民族”。著名哲学家尼采、康德、黑格尔、叔本华、莱布尼茨、费尔巴哈和谢林等，对古典哲学的创立和发展做出了重要贡献。莱布尼茨还独立发现了微积分，并且创立和完善了二进制，在数学领域同样留下了巨大的财富。

在 18 世纪末，德国文学达到巅峰。1774 年出版的由歌德创作的《少年维特之烦恼》引起欧洲的广泛关注，成为德国文学中第一部在世界上产生影响的作品。除此之外，著名诗人席勒的《欢乐颂》以及歌剧《浮士德》《破瓮记》、小说《西线无战事》等作品也具有重要的地位。

莱布尼茨

歌德

同一时期，德国还涌现了一大批著名的音乐家，比如鼎鼎大名的巴赫、贝多芬、舒伯特、舒曼和斯特劳斯等古典音乐大师。

贝多芬

1806年，拿破仑侵入柏林，解散了神圣罗马帝国，用莱茵同盟取代了过去的国家。1815年，拿破仑战败，英、俄、普、奥四国同盟，普鲁士、奥地利崛起。1835年，德国第一条铁路通车。1848年，德国各地爆发革命。1862年，普鲁士王国威廉一世任命俾斯麦为首相。1866年，普鲁士在“七周战争”中击败奥地利，隔年建立北德意志联邦。1870年，普法战争开始，历经一年后结束，德国击败法国，同时兼并了南德诸邦，建立了统一的德意志帝国，以普鲁士国王为皇帝，基本奠定了现代德国的疆域。由此，完成统一大业的皇帝威廉一世和“铁血宰相”俾斯麦在德国历史上占据了重要地位。

这一时期，工业革命的成果传入德国，德国的资本主义得到快速发展，同时也激化了一系列社会矛盾。马克思和恩格斯在哲学先贤的基础上，批判地继承黑格尔辩证法的合理内核和费尔巴哈唯物主义的基本内核，创立了马克思主义哲学，被誉为“全世界无产阶级和劳动人民的伟大导师”，对现代以来的世界发展产生了深远的影响。

1914年，德意志第二帝国挑起第一次世界大战，并在1918年因战败而覆灭。随后建立的威玛共和国因其自身制度的局限和随后的金融危机，在1933年被希特勒领导的纳粹党窃取政权，德意志第三帝国成立，并且又一次挑起世界大战，给欧洲乃至全世界的人民带来了深重的苦难。

威廉一世和俾斯麦

马克思和恩格斯

奥斯维辛集中营

1945年5月8日，德国在第二次世界大战中战败投降，根据雅尔塔协定和波茨坦协定，德国分别由美、苏、英、法四国占领，柏林市也被分为四个占领区。1948 年，英、法、美三国的占领区合并，成立德意志联邦共和国(西德)，苏联占领区成立德意志民主共和国(东德)，德国正式分裂为两个国家。1961 年，柏林围墙建立，柏林被分为东、西柏林。1989 年 10 月初，许多东德城市相继爆发大规模的示威游行，示威群众要求放宽出国旅行政策和争取媒体自由等，东德总统辞职，柏林围墙倒塌。1990 年，联邦德国总理科尔提出统一两德的计划，东德于 10 月 3 日正式加入联邦德国，原有的 14 个专区为适应联邦德国建制改为 5 个邦，并入了联邦德国，分裂 40 多年的德国终于统一。

推倒柏林墙

重新统一后的德国对两次世界大战进行了积极深刻的反思，在消灭极端思想方面做出了许多努力，也重新获得了国家的主权。如今，德国作为欧洲第一大经济体，以和平的方式积极参与国际事务和全球经济治理，并发挥着重要的作用。

2.1.2 今日速览

如今的德国，全称德意志联邦共和国，位于欧洲中部，是欧洲最大的经济体，由 16 个联邦州组成，首都是柏林。德国是欧洲人口最多的国家，也是欧盟创始国，还是北约、七国集团和经合组织等国际组织的重要成员。

1. 政　治

德国政治制度的基础是于 1949 年 5 月生效的《德意志联邦共和国基本法》(简称《基本法》)。《基本法》第 20 条规定了国家政治制度的五项基本原则：共和制、民主制、联邦制、法治国家和福利国家。

德国实行多党制，由获得议会多数席位的一个或多个政党单独或者联合执政，1949—1998 年，德国历届政府均为联合政府。绿党和社民党的崛起使联邦议员出现五党并存的局面，尽管联盟党和社民党两大党的地位没有改变，但是他们与第三党结盟的选择范围由此扩大了。

德国实行三级选举制，即地方选举、州议会选举和联邦议会选举。按《基本法》第 39 条规

德国国旗

定，联邦议院每4年选举一次，一般在秋季举行新的选举，最早在联邦议院任期满46个月之后，最迟满48个月之后进行。发生联邦议院被解散的情况时，新的选举应在解散后60日内进行。选举出新的联邦议院后，最迟不得超过选举后30日召集会议。《基本法》第38条第1款规定了选举的五项原则：德国联邦议院的议员由普遍、直接、自由、平等和无记名的选举产生，即遵循普遍选举、直接选举、自由选举、平等选举和秘密选举原则。

德国实行议会民主制，议会是国家的最高立法机关，采用两院制，由联邦参议院和联邦议院组成。根据主权在民原则，联邦议院是唯一由选民直接选举产生的人民代表机构，是国家的最高权力机关。联邦议院拥有立法权、选举权（组建政府）、监督权以及其他职权，但前三项权利是联邦议院最主要的职权。《基本法》第20条第3款规定，立法权必须服从宪法秩序。按第77条第1款规定，联邦的立法机构是联邦议院和联邦参议院，但是只有联邦议院才能通过联邦法。

德国实行责任内阁制，其原理是公民把立法权和行政权交给议会，议会又把其中的行政权交给以联邦总理为首的内阁政府。而行政权主要由联邦政府、联邦总理和联邦总统来担负。联邦政府的存在以联邦与联邦议院的信任为条件，对联邦总理提出“不信任案”是联邦议院最重要的权力之一。德国的国家元首为总统，总统不是联邦政府成员，其地位相当于立宪制国家的君主，只拥有形式上的权力，不直接领导内阁（政府），不负行政责任。

德国是大陆法系国家，全部法律都以成文法或制定法为主，不仅有体系完备的各种法典，也有大量的单行法规，从而形成十分完备的司法体系。德国联邦法包括1 900多项法律和3 000多项法规，其主要包括三个部分：公法、私法和社会法。

联邦制是德国的五项基本原则之一，它的重要支柱就是全国划分为16个拥有自己宪法和主权的独立的联邦州。联邦州不同于省，州是具有一定国家性质的联邦成员国或成员单位。

2. 经　济

德国是经济极为发达的国家，以美元汇率计算为世界第四大经济体，以购买力平价计算为世界第五大经济体。同时，德国也是欧洲最大经济体，其经济为出口导向型，出口对德国经济有着重大影响，几十年来，德国贸易出口额高居世界第一，被誉为“出口冠军”。德国使用的是欧元，欧洲央行的总部亦设在德国的法兰克福。2021 年 1 月 14 日，德国联邦统计局公布的初步统计数据显示，经价格调整后，2020 年德国国内生产总值比上一年下降 5.0%。这是德国经济在连续 10 年实现增长后首次出现下降。

德国土地一大部分用于农业，但德国从事农业工作的人员仅占从业人员的 2%～3%。德国是全球八大工业国之一，主要工业部门有电子、航天、汽车、精密机械、装备制造、军工等。德国产品以品质精良著称，技术领先、做工细腻，但成本较高。德国的工业品在世界享有盛誉，而德国也是西欧最大汽车生产国。

3. 文　化

德国首都柏林位于德国东北部，是德国最大的城市，也是德国的政治、经济、交通和文化中心，这里有见证了德国兴衰历史的德国国会大厦以及著名的勃兰登堡门。位于德国北部的汉堡是德国第二大城市，这里有着全国最重要的海港和金融中心，是欧洲最富裕的城市之一，也是德国的新闻传媒与工业制造业中心。位于德国南部的慕尼黑是德国第三大城市，这里是生物工程学、软件及服务业的中心。其他重要城市还有法兰克福、斯图加特、莱比锡和不来梅等。

以汽车、精密机床等为代表的高端制造业是德国的重要象征。德国拥有宝马、奔驰、大众、保时捷等著名汽车品牌，以及西门子、戴姆勒-克莱斯勒等重要工业公司，是欧洲重要的工业国家。

宝马、奔驰和大众汽车标志

德国的大、中、小学和职业教育发达，实行 12 年制义务教育，公立学校学费全免，教科书等学习用品部分减免。德国拥有慕尼黑工业大学、德累斯顿工业大学、亚琛工业大学等著名高等学府。

慕尼黑工业大学和亚琛工业大学校徽

足球是德国人最喜爱的运动，德甲联赛是欧洲最著名的足球联赛之一，拥有拜仁慕尼黑、多特蒙德等欧陆劲旅，德国国家队也曾四次捧起世界杯。此外，赛车在德国也广受欢迎，著名人物有“车王”舒马赫和维特尔等。柏林国际电影节创立于1951年，是当今世界最具影响力、最顶尖的国际电影节之一，最高奖项是“金熊奖”。

金熊奖和银熊奖

2.2　旅游打卡

2.2.1　勃兰登堡门 Brandenburger Tor

勃兰登堡门位于德国柏林市中心，最初为柏林的一道城门，因为连接勃兰登堡而得名，现存的勃兰登堡门是普鲁士国王腓特烈二世于1788年下令修建的，用于纪念七年战争的胜利，是一座新古典主义建筑。

大门内侧墙面用浮雕刻画了罗马神话中最伟大的英雄海格里斯，战神马尔斯，以及智慧女神、艺术家和手工艺人的保护神米诺娃，大门中央的最高处放置着一座高约5米的胜利女神铜像，女神驾着一辆四马战车面向东侧，右手手持带有橡树花环的权杖，花环上站着一只展翅的鹰鹫，鹰鹫戴着普鲁士的皇冠，象征着战争的胜利。胜利女神铜像曾被拿破仑带回巴黎，后来被普鲁士索回，在第二次世界大战中又被炮火摧毁，直到1956年全面修复勃兰登堡门时被重新铸造。如今的勃兰登堡门已经成为德国欢庆国庆日和观赏新年演出的场所。

1. 开放时间

全年全天。

2. 交通方式

地铁：U55至Brandenburger Tor站。

勃兰登堡门

轻轨：S1、S2、S25 至 Brandenburger Tor 站。

2.2.2　波茨坦无忧宫 Sanssouci Palace

波茨坦无忧宫是18世纪的德意志王宫和园林，是18世纪德国建筑艺术的精华，其位于德国波茨坦市北郊，为普鲁士国王腓特烈二世模仿法国凡尔赛宫所建，全部工程时间达50年之久，虽经战争，但未遭受炮火轰击，至今仍保存完好。宫殿正殿中部为半圆球形，两翼为长条锥脊建筑，殿正中为圆厅。宫殿内部多用壁画和明镜装饰，辉煌璀璨。宫殿前有平行的弓形6级台阶，两侧和周围由翠绿丛林烘托。宫殿前的喷泉正对着大殿门廊，喷泉采用圆形花瓣石雕，四周有"火""水""土""气"4个圆形花坛陪衬，花坛内塑有神像，尤以维纳斯像和水星神像造型精美、形象生动。

据说，整个宫殿内有1 000多座以希腊神话人物为题材的石刻雕像。宫殿东侧为珍藏名画的画廊，这些绘画多为文艺复兴时期意大利、荷兰画家的名作，画廊宽敞明亮，每逢佳节，这里都举办音乐会。

1. 文化溯源

腓特烈大帝

勃兰登堡门和波茨坦无忧宫都见证了普鲁士王国和德国的兴衰，它们最初的主人就是欧洲历史上大名鼎鼎的腓特烈大帝。腓特烈大帝是一名军事天才，他利用战术与火器装备的革新取得了无数胜利，是欧洲最杰出的军事指挥家之一。此外，腓特烈大帝还是一名文艺爱好者。腓特烈大帝自幼接受父亲的军事化教育，却执拗地爱好文艺和启蒙思想，甚至一度准备叛逃到英国。登基之后，他并没有继续穷兵黩武，而是大力资助文学和艺术发展，并将其军事理

波茨坦无忧宫

论写成《军事教令》一书，甚至亲自绘制了无忧宫的草图。在这座宫殿里，他与音乐家巴赫、哲学家伏尔泰会面，在宴会上为人们演奏长笛，完全没有戎马一生的大帝之姿，巴赫被其音乐天才深深折服，改编了他的一段旋律，谱成了著名的赋格曲《音乐的奉献》。

画作《腓特烈二世在无忧宫演奏长笛》

中国茶亭

在无忧宫这座洛可可式的宏大宫殿中，有一座中国式的茶亭最引人瞩目。启蒙运动中对中国文化的推崇风行一时，深受启蒙思想影响的腓特烈大帝对当时的中国也充满了向往，因此亲自设计了这座中国茶亭。茶亭主体由三个蘑菇状的小房间连接，采用中国传统的碧瓦和金柱，亭前摆放中国金鼎，外围矗立金色人像。

中国茶亭和金色人像

中国茶亭顶端金像和茶室

画　廊

无忧宫画廊是专门为艺术而建造的，是欧洲 18 世纪最雄伟的建筑之一，也是德国现存最古老的画廊建筑。腓特烈大帝于 1755—1763 年(或 1764 年)将其建在无忧宫旁边，以收藏绘画作品。在这里，他以紧密悬挂的方式展示了近 180 幅佛兰芒和荷兰巴洛克绘画流派、意大利文艺复兴时期和巴洛克时期的最佳作品，这些作品与杰出的古代雕塑以及法国 18 世纪雕塑并列。

艺术藏品

无忧宫也是一个艺术品的天堂，收藏着无数的艺术珍品，包括绘画、瓷器、雕像、玻璃艺术品等，堪称一座巨大的艺术宝库。

2. 开放时间

4 月 1 日—10 月 31 日，周二—周日：10：00—18：00；停止入场时间：17：30。

11 月 1 日—次年 3 月 31 日，周二—周日：10：00—17：00；停止入场时间：16：30。

无忧宫画廊

无忧宫艺术藏品(1)

无忧宫艺术藏品(2)

3. 门票价格

无忧宫宫殿：全价 19 欧元，优惠价 14 欧元。

新宫：全价 14 欧元，优惠价 10 欧元。

联票(包括无忧宫宫殿、新宫、中国茶室、橘园)：全价 29 欧元，优惠价 22 欧元。

无忧宫艺术藏品(3)

4. 交通方式

轻轨：S7 至终点站 Potsdam Hauptbahnhof，转公交 695/X15，至 Schloss Sanssouci 站（轻轨和公交约每 20 分钟一班，车程 1 小时左右）。

2.2.3 马克思故居 Karl Marx Haus

马克思故居位于德国古城特里尔市布吕肯街 10 号，是一座灰白色的 3 层楼房，有着淡黄的粉墙、棕色的门楣和窗檐、乳白色的窗扉，是当时德国莱茵地区的典型建筑，始建于 1727 年。1818 年，马克思的父亲亨利希·马克思律师租下了这所房子。同年 5 月 5 日，马克思诞生在这里。马克思一家住在这里的一年半时间里，楼上为其住室，楼下是律师事务所。

马克思故居

马克思

马克思故居的说明书有德、英、俄、法、西、中、日7种文字，中文有简、繁两个版本。在故居陈列的《共产党宣言》和《资本论》的众多版本中，有德文原版，也有印刷最精美的中文版。纪念馆的第一层主要展示有关马克思一生的各种资料，包括出生证明和结婚证等。第二层包含马克思父母的卧室，在其他房间展示了马克思和恩格斯的各种著作以及有关马克思与其他革命家交往的展品。第三层则主要介绍马克思的共产主义理论，玻璃橱窗里陈列着《共产党宣言》的各种版本，还有《资本论》等其他著作和手稿。

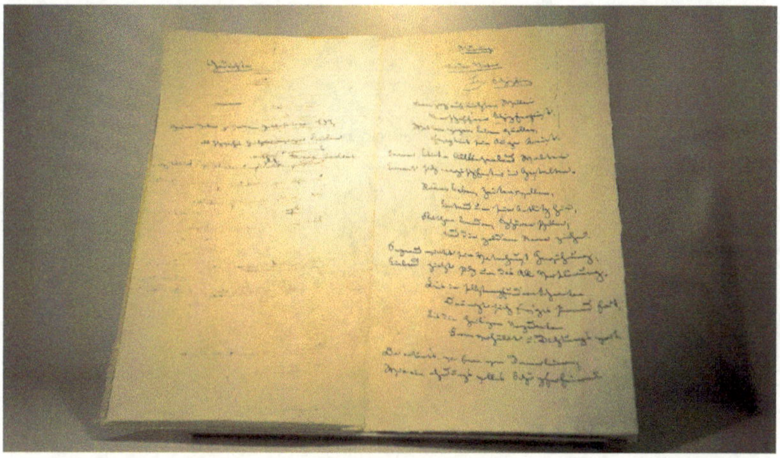

马克思手稿

《资本论》

1. 文化溯源

马克思故居的“中国热”

恩格斯说过：“一个民族要想站在科学的最高峰，就一刻也不能没有理论思维。”十月革命一声炮响，为中国送来了马克思主义。自此，马克思主义的命运同中国共产党的命运、中国人民的命运、中华民族的命运紧紧连在一起，为中国革命、建设、改革提供了强大思想武器，使中国这个古老的东方大国创造了人类历史上前所未有的发展奇迹。

在这样的历史背景下，到德国的中国游客们都有“马克思故居情结”，按德国媒体的话说，中国人颇有些“不到特里尔,不算去过德国”的情怀。不仅马克思博物馆备有中文解说器、说明书和中英文对照标识牌,城里的各大商场和旅游景点也都有中文标识。在街头,经常有德国人友好地向中国人招手或用中文问候。特里尔旅游发展办公室主任诺尔先生告诉记者,有超过10万中国旅客访问了特里尔,其中4万人在这里住了至少一晚。

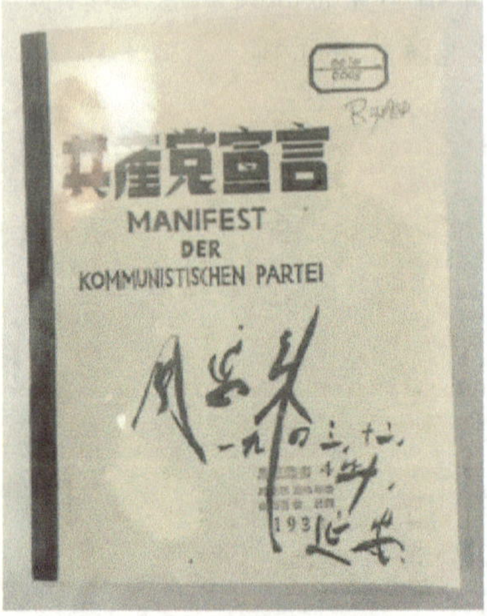

故居中的中国展品

2. 开放时间

4月—10月,周一—周日:10:00—18:00。

11月—次年3月,周二—周日:11:00—17:00;周一:14:00—17:00。

3. 交通方式

火车:至 Trier 站或 Trier 中央站,步行1千米左右即可到达。

2.2.4 歌德故居 Goethe-Haus

最受德国人民喜爱的著名德国诗人、文豪约翰·沃尔夫冈·歌德出生于法兰克福,他在法兰克福这座米黄色的建筑中度过了他的青年时代,并在这里写下了著名的《少年维特之烦恼》(*The Sorrows of Young Werther*)和《浮士德》(*Faust*)的开篇。故居的16个房间被分为两部分,一部分装饰精美,风格高雅,用来接待达官显贵,用于交际应酬,这里曾经接待过黑格尔、海涅等人。另一部分则质朴简陋,用于家庭生活。

歌德故居外景

歌德说过:“一切涉及舒适的事宜都与我的天性相违背。您在我的房间里找不到沙发,我总是爱坐那张老式木椅。舒适豪华的陈设会扰乱我的思维,使我陷入一种迟钝

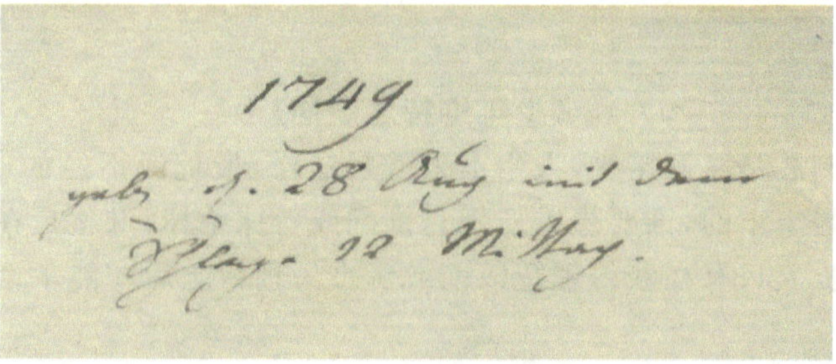

歌德手写的记录

怠惰的状态。”因此，他的工作室里只有书桌、椅子和几件家具。故居中还藏有歌德的手稿、信件等珍贵文物。故居每年接待近百万名游客。

故居中收藏的画作

故居中的厨房

1. 文化溯源

《少年维特之烦恼》

“第一个印象我们总是愿意接受，人生本来就是这样，最荒诞不经的事你也可以使它被信以为真，并且立即记得牢牢的，谁要想重新把它推翻或者抹杀掉，谁就是在自求烦恼。”

“天上的上帝呀！人只有在获得理智以前或者丧失理智之后才能幸运，难道这就是你安排于人的命运吗？”

中篇小说《少年维特之烦恼》于 1774 年问世，并且迅速成为畅销书。小说描写了进步青年对于当时德国社会的体验和感受，表现了作者对于封建等级观念的鄙视以及对于解放个性的强烈要求。恩格斯评价该书“用艺术手法揭露了社会的全部腐败现象，指出了社会弊病中最深刻的根源”“建立了一个最伟大的批判的功绩”。

《少年维特之烦恼》插画

在中国，郭沫若译本《少年维特之烦恼》在 1922 年出版，正值“五四运动”之后，因此引起了巨大的轰动，在国内广泛流传。

2. 开放时间

周一—周日：10:00—18:00。

周四：10:00—21:00。

3. 门票价格

成人票：7 欧元。

优惠票：3.5 欧元。

4. 交通方式

轻轨：S1、S6、S8、S9 至 Hauptwache 站。

地铁：U1、U2、U3、U6、U7、U8 至 Hauptwache 站。

2.2.5 科隆大教堂 Kölner Dom

科隆是阿尔卑斯以北的著名城市，有着“北方的罗马”之美称。科隆大教堂始建于 1248 年，1880 年才由威廉一世宣布建成，耗时 600 余年。科隆大教堂是一座天主教主教教堂，教堂高度名列世界第三，是德国乃至世界的标志性建筑物。从规模上而言，它也是欧洲北部最大的教堂，被誉为哥特式教堂建筑中的完美典范。科隆大教堂于 1996 年入选世界文化遗产名录。

科隆大教堂内藏有许多珍稀文物，包括大教堂本身的设计图纸、大摆钟和东方三博士的遗骨，这也都是重要的历史珍藏。其中，第一位建筑师哈德设计教堂时用的羊皮图纸，为研究 13 世纪的建筑提供了重要资料。教堂内一座 11 世纪德国奥托王朝时期的木雕《十字架上的基督》，成为哥特艺术的先导。此外，在这座高达 157 米的塔楼里，通过内部的 300 多级旋转阶梯登顶，可以俯瞰科隆全景以及莱茵河两岸风光。

科隆大教堂

1. 开放时间

6:00—20:00。

2. 门票价格

教堂：免费。

塔楼：成人 4 欧元，学生 2 欧元。

珍宝馆：成人 6 欧元，学生 3 欧元。
塔楼和珍宝馆联票：成人 8 欧元，学生 4 欧元。

3. 交通方式

地铁：U5、U16、U18 至 Dom 或 Hauptbahnhof 站。

2.2.6 玛利亚广场 Marienplatz

玛利亚广场始建于 1158 年，坐落于慕尼黑古城区的中心，是慕尼黑最大、最重要的广场，也是重要的交通枢纽，被称为“慕尼黑的心脏”。广场得名于中心的圣母玛利亚雕像，雕像坐落于圣母柱顶端，玛利亚左手持权杖，右手环抱圣婴，高雅圣洁。

玛利亚广场

广场周围云集了各色餐厅和商场，著名的购物街 Kaufinger Straße（考芬格大街）是市民散步、休闲和购物的好去处。人们可以在露天餐厅享受美食，喝一杯当地的啤酒，欣赏街头艺人的表演，也可以去附近的圣母教堂或者市政厅参观。每逢重要节日，这里都是举行庆祝活动的场所，当地球队拜仁慕尼黑取得冠军后也会在这里庆祝。

每年的 9 月末到 10 月初会在这里举办著名的慕尼黑啤酒节（The Munich Oktoberfest），圣诞期间也会在玛利亚广场举办圣诞市场，这些在游览时节都不容错过。

1. 开放时间

全年全天。

2. 交通方式

步行：从火车站（Hbf）出来沿着 Bayer Straße 街一直向东，经过卡尔斯广场（Karlsplatz），再沿步行街向东直走即是。

轻轨:S1、S8 至 Marienplatz 站。

地铁:U3、U6 至 Marienplatz 站。

2.2.7 慕尼黑新市政厅 Neues Rathaus

慕尼黑新市政厅是一座位于玛利亚广场北侧,19 世纪末建造的巍峨挺拔的棕黑色哥特式建筑,建筑表面像撒了一层白霜。它的正面窗间壁龛立有拜恩历代君王、圣徒和神话英雄的塑像。整个建筑布局恢宏、装饰华丽,从 1867 年起用了 40 年时间才建成。

慕尼黑新市政厅

高达 85 米的大钟楼是新市政厅的标志,内置德国最大的木质人偶报时钟,每当大钟在 11 时、12 时和 17 时鸣响,里面的人偶都会一同出现表演节目,这是游客来慕尼黑旅游的必看场景。新市政厅左侧是有名的啤酒屋 Donisl,右侧是旧市政厅(Alte Rathaus),来此的游客可以一并游览。

1. 开放时间

周一—周五:9:00—19:00;周六—周日:10:00—19:00。

2. 门票价格

4 欧元。

3. 交通方式

轻轨:S1、S8 至 Marienplatz 站。

地铁:U3、U6 至 Marienplatz 站。

2.2.8 鹰巢 Kehlsteinhaus

鹰巢位于德国南部巴伐利亚州贝希特斯加登附近的阿尔卑斯山脉，海拔 1 881 米，是 1938 年作为希特勒 50 岁生日贺礼建造的一座别墅，希特勒将其用于款待重要客人。希特勒来鹰巢约 10 次，大部分停留都未超过 30 分钟。1945 年，盟军对鹰巢进行了轰炸，但其并未受到损坏。今天，鹰巢已经成为游客重要的游览地。

鹰巢

1. 开放时间

5 月 1 日—10 月 31 日，周一—周日：8:30—16:50。

2. 门票价格

参观免费。

849 路鹰巢专线：往返成人 16.1 欧元，6～14 岁儿童和青少年 9.3 欧元。

3. 交通方式

自驾：A8 线，Bad Reichenhall 出口或 Salzburg Süd 出口至 Berchtesgaden，走 Obersalzberg 路至停车场。

公交：在市中心火车站(ZOB)乘 838 路至 Documentation Obersalzberg。

849 路鹰巢专线：早班 8:55，末班 16:50，每 25 分钟一趟，需在售票处提前买票。

2.2.9 新天鹅堡 Neuschwanstein Castle

新天鹅堡是德国旅游的名片，是德国名气最响、旅行者最多的城堡。新天鹅堡位于德国南部边境的阿尔卑斯山间，在一座近千米高的山顶上，这座路德维希二世倾尽国力的杰作拥有童话般的容颜与风景。新天鹅堡的内饰也极尽雍容，却终究无法掩盖路德维希二世的悲剧命运，令人无限唏嘘。新天鹅堡后的山涧上建有一座玛丽恩桥，从桥上可以观赏天鹅堡全景。

新天鹅堡

1. 开放时间

4月1日—10月15日，周一—周日：7:30—17:00(售票处)，9:00—18:00(城堡)。

10月16日—次年3月31日：8:30—15:00(售票处)，10:00—16:00(城堡)。

2. 门票价格

普通票：13欧元，18岁以下免费。

3. 交通方式

慕尼黑—福森：从慕尼黑中央火车站(Hauptbahnhof)出发，每小时一班火车，全程2小时。

福森—新天鹅堡景区：在站外乘坐Steingaden/Garmisch-Partenkirchen方向的73路，或Schwangau方向的78路公交车。

售票处—城堡：步行(30分钟)，马车(上山6欧元，下山3欧元)，公交(上山1.8欧元，下山1欧元，往返2.6欧元)。

2.2.10 梅赛德斯-奔驰博物馆 Mercedes-Benz-Museum

博物馆位于斯图加特，其历史可以追溯到1923年，那一年奔驰建立了一个小型博物馆。随着展品的不断增加，1961年，戴姆勒-奔驰公司建造了一座更大的博物馆，用于庆祝公司成立 75 周年。2006 年，博物馆搬迁到了斯图加特。

梅赛德斯-奔驰博物馆

这座建筑造型独特，以三叶草的几何形体为基础，外部的金属质感，配上曲线设计以及内部的“双螺旋”展览通道设计，最大程度地提高了空间利用率。博物馆内收藏着超过 160 辆汽车展品，包括世界最早的汽车、日本天皇的座驾和第一辆命名为 Mercedes 的汽车。

世界上第一辆使用汽油的汽车

1. 开放时间

周二—周日：9:00—18:00。

日本天皇的座驾

第一辆"梅赛德斯"汽车

2. 门票价格

成人：8 欧元。

15～17 岁青少年、学生，60 岁以上老人：折扣票 5 欧元。

14 岁以下儿童：免费。

3. 交通方式

轻轨：S1，火车站（Hauptbahnhof）上车，Kirchheim（Teck）方向，至 Neckarpark（Mercedes-Benz）站。

公交:56 路至 Mercedes-Benz World 站。

2.2.11 宝马博物馆 BMW Museum

宝马博物馆位于德国慕尼黑北部宝马全球总部慕尼黑宝马品牌体验中心,始建于 20 世纪 70 年代初,是宝马品牌体验中心的核心组成部分。宝马博物馆总面积 5 000 平方米,造型设计为“碗形”,毗邻宝马“四汽缸”总部,两座建筑造型独特,早已成为当地的地标。

宝马博物馆

博物馆共三层,建筑总高度 19 米,分为 7 个展区,分别介绍了宝马的典型产品和重要理念,在这里游客可以回顾品牌历史,也可以了解宝马的最新技术和创新理念。

1. 开放时间

周二—周日及公共假期:10:00—18:00。

2. 门票价格

10 欧元。

3. 交通方式

地铁:3 号线在奥林匹克中心(Olympiazentrum)站下车步行向南。

宝马系列产品展览

宝马摩托车展品

宝马“艺术汽车”

2.2.12 安联竞技场 Allianz Arena

慕尼黑的安联竞技场是由慕尼黑两家最成功的足球俱乐部拜仁慕尼黑和慕尼黑 1860 联合出资建造的，于 2005 年正式启用，是 2006 年德国世界杯开幕式的举办地。其球场是欧洲最具现代化气息的球场之一，能够容纳 75 000 名观众。球场表面由 2 000 多个充气菱形膜结构构成，所用材料具有自清洁、防火、防水以及隔热性能，在夜间会有红蓝白三种颜色变幻，十分绚丽，因此被公认为最美丽的体育场之一。

安联竞技场

1. 开放时间

1 月 1 日—12 月 31 日，周一—周日：10:00—18:00；停止入场时间：17:15。

2. 门票价格

成人票价 10 欧元，优惠票 9 欧元（只能现金购买）。

3. 交通方式

地铁：U6 至 Frötmanning 站，沿路标步行约 10 分钟即可到达。

2.3 实用信息

2.3.1 使领馆信息

中华人民共和国驻德意志联邦共和国大使馆：

地址：Märkisches Ufer 54，10179 Berlin。

电话:030-27588-0。
传真:030-27588221。
办公时间:周一—周五:8:30—12:30,13:30—17:00。

中华人民共和国驻汉堡总领事馆:Elbchaussee 268,22605 Hamburg,040-82276013。

中华人民共和国驻慕尼黑总领事馆:Hofmannstraße 57, 81379 München, 089-724498129。

中华人民共和国驻法兰克福总领事馆:Stresemannallee 19-23, 60596 Frankfurt a. M。

中华人民共和国驻杜塞尔多夫总领事馆:Schanzenstraße 131, 40549 Düsseldorf。

2.3.2 日常用语

Kaffee 咖啡
Bier 啤酒
Ei 鸡蛋
Butter 黄油
Milch 牛奶
Wein 葡萄酒
Lokal 饭馆
Auskunft 问询处
Rezeption 接待处
Hotel 宾馆
Adresse 地址
Datum 日期
Polizei 警察局

Guten Tag! 您好!
Guten Morgen! 早上好!
Auf Wiedersehen! 再见!
Danke! 谢谢!

Woist der naechste U-Bahnhof? 最近的地铁站在哪?
Sie koennen ein Taxinehmen. 你可以乘坐出租车前往。
Wie viel kostet die Kleidung? 这件衣服多少钱?
Kann man mitKreditkarte bezahlen? 可以使用信用卡结账吗?
Ich habe ein Doppelzimmer reserviert. 我订了一个标准间。
Ich moechte jetzt die Abrechnung bezahlen. 我要现在结账。

第3章　意大利

3.1　认识意大利

3.1.1　文史徜徉

在意大利领土上，人类活动的最早痕迹可以追溯到旧石器时代，考古学家在很多遗址中发现了用火的痕迹，也发现了大量人物和动物的雕刻画等。新石器时代的人类逐渐从猎人演化为农民或牧人，这一时期的典型是卡穆尼人(在卡莫尼卡山谷)。

发现于意大利的古人类脚印化石

公元前9世纪，亚平宁半岛上的伊特鲁里亚人创造了这片土地上最早的文明。公元前8世纪—公元前6世纪，古希腊人在半岛南部建立了一系列殖民城邦，这些城邦被称为“大希腊”，这一时期，著名哲学家芝诺、毕达哥拉斯等人都在半岛南部活动，对当地的经济和文化发展起到了促进作用。

勾股定理的发现者毕达哥拉斯

同一时期的公元前754年，罗马建城，开启了罗马王国时代，这一时期罗马完成了从原始社会到国家的过渡，并且击败了伊特鲁里亚城邦，成为意大利中部的强国。古罗马先后经历了罗马王政时代(公元前753—公元前509年)、罗马共和国(公元前509—公元前27年)、罗马帝国(公元前27—公元476年)三个阶段，存在长达1 000年。相传罗慕路斯和雷姆斯建造了罗马城，他们是一对双胞胎，但是幼年时被抛弃，被一只母狼抚养长大，因此母狼哺育两个幼儿的形象就变成了罗马城的标志。

罗慕路斯兄弟和母狼

公元前 509 年，罗马人驱逐了暴君塔克文，建立了罗马共和国，由元老院、执政官和部族会议共同管理国家，从此罗马步入历史上一个最为辉煌的时期。公元前 4 世纪，共和国遭受高卢的攻击。公元前 3 世纪，罗马共和国面对一个新的强大对手，一个腓尼基城邦国家——迦太基。共和国通过三次布匿战争(公元前 264 个—公元前 146 年)征服了迦太基，通过四次马其顿战争(公元前 215—公元前 148 年)控制了整个希腊，国家疆域急剧扩张，成为以地中海为中心，跨越欧、亚、非三大洲的大帝国。

罗马军团

公元前 451—公元前 450 年，共和国颁布了《十二铜表法》，保护了公民的权利，标志着罗马成文法的诞生，也是欧洲法学的滥觞。这一时期的共和国因为其著名的公民体制和民主制度被后世所尊崇，对现代民主制度产生了深远影响。

共和国后期，随着国家经济的快速发展以及疆域的不断扩大，社会矛盾不断激化，爆发了多次内战和起义，其中包括著名的斯巴达克斯起义。在公元前 48 年，尤里乌斯·凯撒在内战中获胜，并且被任命为终身独裁官，但是他的独裁统治也为他招来杀身之祸，共和国重新陷入内战。最终屋大维击败了所有敌人，在公元前 27 年被元老院授予“奥古斯都”尊号，成为事实上的皇帝，开启了罗马帝国时代。

凯撒

凯撒和其养子屋大维

2世纪,罗马帝国达到鼎盛,其疆域西起西班牙、高卢与不列颠,东到幼发拉底河上游,南至非洲北部,北达莱茵河与多瑙河一带,地中海成为帝国的内海,使罗马帝国成为古代史上面积最大的君主制国家之一。但是辽阔的疆域也带来了统治问题,帝国国力逐渐下降,395年1月17日,罗马皇帝狄奥多西一世(346—395年)逝世,他在临终前将帝国一分为二,由两个儿子继承,导致国家分裂为东、西罗马帝国。410年,日耳曼的西哥特人在领袖阿拉里克的率领下进入意大利,围攻罗马城,此后在西罗马帝国境内建立西哥特王国,随后西罗马帝国在476年被日耳曼人消灭,这也标志着奴隶制的崩溃和中世纪的开始,而东罗马帝国则继续坚持到1453年才被奥斯曼土耳其帝国消灭。

东罗马帝国首都君士坦丁堡陷落

古罗马时期的文化、哲学十分繁荣,很大程度上继承了古希腊的文化传统。李维的《罗马史》和塔西图斯的《编年史》在欧洲史学方面具有开创性的地位,以凯撒、西塞罗为代表的拉丁文散文,以维吉尔、贺拉斯、奥维德等人为代表的罗马诗歌也在欧洲文化史上留下了痕迹,哲学家卢克莱修的《论物性》是流传至今唯一阐述古代原子论的著作,马可·奥理略则留下《沉思录》这部哲学名著。

西罗马帝国灭亡后,意大利北部成为神圣罗马帝国的一部分,南部则先后被东罗马帝国和西西里王国统治。12—13世纪,北部脱离神圣罗马帝国,分裂为许多王国。随着经济的进一步发展，到了15世纪，作为欧洲史上最重要的文化运动之一的文艺复兴运动在意大利勃然兴起，并且在欧洲广泛传播。这一时期涌现出了一大批文化巨匠，包括作出《神曲》的但丁，“文艺复兴三杰”达·芬奇、米开朗基罗和拉斐尔，近代试验科学的奠基人伽利略等，对后世产生了深远的影响。

西塞罗

15世纪末，意大利战争爆发，亚平宁半岛先后被法国、西班牙和奥地利占领，在意大利战争结束后，意大利落入西班牙哈布斯堡王朝的控制中，在随后的近300年间，意大利始终处在被列强争夺的状态。1796年，拿破仑入侵意大利，并且建立意大利王国，这是意大利近代史上第一个统一的国家。但在拿破仑战败、维也纳会议召开后，意大利再次陷入分裂，直到19世纪意大利复兴运动兴起，才在1870年由意大利王国攻克教皇国首都罗马，完成领土统一。建国后的意大利经济情况比较落后，在第一次世界大战中，意大利加入协约国，但是在巴黎和会中并没有得到应有的利益，并导致国内进一步动荡，给了法西斯党上台的机会。第二次世界大战战败后，君主制被废除，1946年意大利共和国建立了。

但　丁

达·芬奇

伽利略

战后的意大利积极参与国际事务，是马歇尔计划、北约的重要参与国，也是欧盟的创始国之一。

3.1.2 今日速览

如今的意大利，全称意大利共和国，主要由南欧的亚平宁半岛及两个位于地中海中的岛屿——西西里岛与萨丁岛组成，北部与法国、瑞士、奥地利以及斯洛文尼亚接壤，包含两个微型国家——圣马力诺和梵蒂冈。意大利是欧洲四大经济体之一，也是欧盟和北约的创始会员国。

意大利国旗

1. 政　治

意大利共和国是议会制共和国。议会实行两院制，众议院和参议院享有平等权利。总统是国家元首，内阁是国家权力的核心。

议会由众议院和参议院组成。自 1963 年 4 月第四届大选起，众议院设 630 个议席，参议院设 315 个议席。众议员和参议员由选民直接选举产生，所有年满 18 岁、享有政治权利的公民都有权参加众议员的选举，众议员当选资格须年满 25 岁。参加参议员选举的选民必须年满 25 岁，其中年满 40 岁者方有当选资格。

总统是国家元首，也是国家统一的象征。凡年满 50 岁、享有公民权利和政治权利的公民，均有资格当选总统。总统由众、参两院联席会议以秘密投票的方式选举产生，任期 7 年，连选连任。

意大利法律属大陆法系。法院组织系统设宪法法院、行政法院和普通法院。司法行政由最高司法委员会领导并进行日常管理。意大利共和国宪法强调地方自治和地方分权。中央政府下设大区、省、市(镇)三级地方政权机构。

2. 经　济

意大利是欧洲老牌的资本主义强国，也是富裕的发达国家，虽然总体实力比不上德、法、英，但足以超过西班牙、荷兰、瑞士等国，在欧洲处于中上等水平。根据意大利统计局的初步统计，意大利 2019 年 GDP 为 1.78 万亿欧元，按照平均汇率计算，折合为 2.0 万亿美元，位居全球第八位。事实上，意大利的经济体量始终排名全球前十。

意大利的工业制造水平很强，在航天、汽车制造、机械设备、机器人、军工等领域的实力非常突出。欧洲可以制造航天器的国家并不多，意大利便是其中之一，据称美国在欧洲的 F35 生产线就位于意大利，军工实力不容小觑。

3. 文　化

意大利首都罗马是全国政治、经济、文化和交通中心，是著名的历史文化名城，是全世界天主教会的中心，拥有罗马斗兽场、万神庙和君士坦丁凯旋门等著名景点。

意大利米兰是世界时尚艺术中心，是欧洲四大经济中心之一，拥有意大利最大的工业区，

君士坦丁凯旋门

是众多奢侈品牌的诞生地，也是众多大型活动和时尚展览的常驻地，拥有米兰大教堂等文化名胜，也拥有米兰理工大学等高等学府。

意大利其他重要城市还包括都灵、那不勒斯和威尼斯等。

意大利是发达工业国，是世界第八大经济体，被誉为“中小企业王国”，拥有法拉利、兰博基尼、玛莎拉蒂等著名汽车品牌。

法拉利、兰博基尼和玛莎拉蒂

意大利还拥有世界上历史最悠久的电影节：威尼斯国际电影节。它创立于1932年，被誉为“国际电影节之父”，最高奖项为金狮奖。

威尼斯电影节

意大利共拥有55项世界遗产，与中国并列最多。同时，意大利拥有良好的科学传统，其基础研究中的物理与天文、临床医学、生物医学、化学等领域处于世界前列，高科技产业主要集中在信息通信、航空航天、生物制药等方面。

3.2 旅游打卡

3.2.1 古罗马斗兽场 Colosseo

在罗马所有的纪念性建筑中，古罗马大斗兽场最令人叹为观止。这里曾是角斗士们以性命相搏、死囚们与饿狮苦斗的地方，也是永恒之罗马的伟大象征所在。英国历史学家比德·维纳布斯(Beda Venerabilis)曾写道："斗兽场矗立的时候，罗马也将存在；斗兽场坍塌的时候，罗马也将灭亡。"斗兽场由皇帝韦斯巴芗(Vespasian)建于暴君尼禄富丽堂皇的金宫(Dumus Aurea)原址，于80年竣工。但随着罗马帝国在6世纪的衰落，大斗兽场逐渐被遗弃，变得杂草丛生。之后，斗兽场多次遭地震损坏，甚至成为建筑商们的石料和大理石取材地。现在呈现在人们面前的斗兽场只剩残缺的骨架，但人们仍可以从中窥见其当日风采。

古罗马斗兽场

1. 文化溯源

斗兽场由韦斯巴芗皇帝下令修建，是为取悦当时凯旋的将领士兵和赞美伟大的古罗马帝国而建造的，是当时帝国境内最大的椭圆形竞技场。该斗兽场在韦斯巴芗的儿子提图斯在位期间建成，是古罗马帝国标志性的建筑物之一。斗兽场建在另一个罗马皇帝尼禄的金宫原址之上，这个宫殿在公元64年发生的罗马大火中被烧毁。斗兽场是古罗马举行人兽表演的地方，参加的角斗士要与一只野兽搏斗，直到一方死亡为止，也有人与人之间的搏斗。根据记载，斗兽场建成时，罗马人举行了为期100天的庆祝活动，宰杀了9 000只牲畜。

古罗马斗兽场搏斗场景

2. 开放时间

2月16日—3月15日，周一—周日：8：30—17：00；停止入场时间：16:00。

3月16日—3月30日，周一—周日:8:30—17:30;停止入场时间:16:30。

3月31日—8月31日，周一—周日:8:30—19:15;停止入场时间:18:15。

9月1日—9月30日，周一—周日:8:30—19:00;停止入场时间:18:00。

10月1日—10月26日，周一—周日:8:30—18:30;停止入场时间:17:30。

10月27日—次年2月15日，周一—周日:8:30—16:30;停止入场时间:15:30。

3. 门票价格

18欧元。

4. 交通方式

地铁:B号线至Colosseo站。

公交:60、75、85、87、117、271、571、175、186、810、850、C3路至Colosseo站。

3.2.2 君士坦丁凯旋门 Arco di Costantino

君士坦丁凯旋门位于斗兽场和废墟之间，拥有三座拱门，为纪念君士坦丁一世(即君士坦丁大帝，Costantino I)在312年米尔维安大桥战役(Battle of the Milvian Bridge)的胜利而在315年修建，是罗马现存凯旋门中距离现在最近的一座。君士坦丁凯旋门的浮雕中有天使像，见证了君士坦丁一世摈弃罗马旧宗教并确立基督教为罗马国教的历史。凯旋门拥有三个拱门，高21米，面阔25.7米，进深7.4米。由于该凯旋门调整了高与阔的比例，并横跨在道路中央，因此显得形体巨大。

1. 文化溯源

古罗马时代共有21座凯旋门，现今罗马城中仅存3座，君士坦丁凯旋门就是其中的一座。君士坦丁凯旋门的各个部分并非作为一个统一体而创作，甚至其中的大部分构件是从过去的一些纪念性建筑，如图拉真广场建筑上的横饰带、哈德良广场上一系列盾形浮雕以及马克·奥尔略皇帝纪念碑上的八块镶板拆除过来的。尽管如此，它仍不失为一座宏伟壮观的凯旋门，尤其是它上面所保存的罗马帝国各个重要时期的雕刻，是一部生动的罗马雕刻史。

君士坦丁凯旋门

凯旋门上的浮雕

2. 开放时间

全年全天。

3. 交通方式

地铁：B 号线至 Colosseo 站。

公交：60、75、85、87、117、271、571、175、186、810、850、C3 路至 Colosseo 站。

3.2.3 特莱维喷泉 Fontana di Trevi

特莱维喷泉别名“少女喷泉”，也就是著名的“许愿池”。它是罗马市内最大的也是知名度最高的喷泉，是全球最大的巴洛克式喷泉，在电影《罗马假日》风靡全球后闻名于全世界。喷泉以罗马神话中海神尼普勒战胜归来为题材，整个喷泉气势磅礴、大气恢宏，特别是喷泉设计中所展现的人物塑像，栩栩如生，和清澈的泉水交相辉映，呈现出一幅动人的喷泉景象。站在海贝中间的尼普勒带着桀骜不驯、藐视众生的神态，褶皱的衣襟如同真实一般；海神脚下有两匹骏马，被两个人身鱼尾的男人所牵引，分别象征着平静与汹涌的河流，左边的马匹毫不驯服，右边的则温顺随和，两匹骏马朝着两个方向拉着后面如同凯旋门的背景；海神的左右还各有一位女神；在背景墙的顶部，有四位女神各持不同的神器，象征着四季。设计师尼科拉·萨尔维对每个人物的刻画都细致生动，令人佩服，而整个画面恢宏震撼，是喷泉作品中少见的精品。

特莱维喷泉

1. 文化溯源

罗马素有“喷泉之都”的美称，几乎在每个大型广场或者十字路口都会有喷泉，3 000 多个喷泉高低、大小、形态不一，时代不同，风格各异。特莱维喷泉于 1762 年完工，由尼科拉·萨尔维设计，历时 30 年建成。

1953 年上映的电影《罗马假日》使得特莱维喷泉声名鹊起。该影片由格利高里·派克和奥黛丽·赫本联袂主演，故事讲述了一位欧洲某公国的公主与一名美国记者一天之内在意大利罗马发生的浪漫故事，这部电影成为好莱坞黑白电影的经典之作。电影中，奥黛丽·赫本在破船雕塑前翘起一只脚任由泉水冲刷，这一画面将历史的沧桑和青春的活力融合在了一起。

《罗马假日》中的许愿池

2. 开放时间

全年全天。

3. 交通方式

地铁:A 号线至 Spagna 站。
公交:116 路。

3.2.4 米兰大教堂 Duomo di Milano

米兰大教堂是世界上第二大教堂、第一大哥特式教堂,是米兰市的象征。教堂上有 135 个尖塔,每一个尖塔上都有一座雕像,因此它也是世界上雕像最多的哥特式教堂。教堂于 1386 年开工建造,1500 年完成拱顶。1774 年,最高的哥特式塔尖上的镀金圣母玛利亚雕像"La Madonnina"由朱塞佩·帕利高(Giuseppe Perego)建造。整个教堂于 1965 年完工,历时 5 个世纪。拿破仑曾于 1805 年在米兰大教堂举行加冕仪式。

1. 文化溯源

米兰大教堂堪称神圣的圣殿,教堂大厅供奉着 15 世纪时米兰大主教的遗体,头部是白银铸就,躯体是主教真身。祭台后的 4 座大型风琴造于 1542 年,1939 年扩充,成为一个有 180 个调音器、1.3 万个音管的大风琴。该琴声音柔扬悦耳、雄浑有力。

传说在大教堂的屋顶藏有一枚钉死耶稣的钉子,教徒们为纪念耶稣,每年要取下钉子朝拜三天。著名科学家和画家达·芬奇曾为取送这枚钉子而发明了升降机。屋顶上还有一个小洞,地上固定着一根金属嵌条,每天中午阳光由小洞射入,正好落在金属条上,被称为"太阳钟",它建于 1786 年,300 多年来每天都可准确地标出正午时分。

2. 开放时间

1 月 1 日—12 月 31 日,周一—周日;停止售票时间:18:00;停止入场时间:18:10。

米兰大教堂

米兰大教堂的风琴

大教堂:7:00—19:00。

3. 门票价格

教堂大堂+博物馆门票:2 欧元;乘坐电梯上教堂顶楼:13 欧元;走楼梯上教堂顶楼:9 欧元。

圣母玛利亚金像

免票：0～5 岁儿童、残疾人及其私人助理、穿制服的军事人员。

4. 交通方式

地铁：1、3 号线至 Duomo 站。

3.2.5 圣马可广场 Piazza San Marco

圣马可广场又称威尼斯中心广场，是由公爵府、圣马可教堂、圣马可钟楼等多个文艺复兴时期的精美建筑围成的广场，法国皇帝拿破仑曾称赞其为“欧洲最美的客厅”。该广场位于圣马可教堂前，始建于 9 世纪，一直是威尼斯政治、宗教和传统节日的活动中心，也是威尼斯嘉年华的主要场所。

圣马可广场

1. 文化溯源

相传 828 年，两个威尼斯商人从埃及的亚历山大将耶稣圣徒马可的遗骨偷运到威尼斯，并在同一年为圣马可兴建教堂，教堂内有圣马可的陵墓，大教堂以圣马可的名字命名，大教堂前的广场也因此得名“圣马可广场”。相传,《马可福音》就是马可根据彼得的讲道内容编写的,因此又名《彼得回忆录》。

马可

2. 开放时间

全年全天。

3. 门票价格

一般情况下,进入广场是免费的,但部分建筑或景点可能需要单独购票。

4. 交通方式

水上公交:搭乘水上巴士蓝线(Blu)至 S. Zaccaria 码头下船,然后步行 5 分钟即到;搭乘水上巴士蓝线(Blu)、橙线(Arancio)或红线(Rossa)到 S. Marco 码头下船即到。

3.2.6 叹息桥 Ponte dei Sospiri

叹息桥位于意大利威尼斯圣马可广场附近,是一座巴洛克风格的桥梁。桥梁是封闭的,两端连接法院与监狱,死囚通过此桥之时,只能通过墙壁上的小窗看到外面的河道,因为这通常是行刑前的 ·刻,所以死囚会感叹即将结束的人生,桥梁因而得名。叹息桥是威尼斯最著名的桥梁之一。

叹息桥

1. 文化溯源

真正令叹息桥名扬四海的是英国诗人拜伦。拜伦由于政治上不为上流社会所容,于 1816 年 4 月愤然离开英国,几经辗转,于这一年的 11 月来到威尼斯。在长诗《恰尔德·哈罗尔德游记》中他写道:“我站在威尼斯的叹息桥头,一边是宫殿,一边是监狱。”据说这是叹息桥的名字第一次见诸文人笔端,因此流传开来。

拜伦

2. 开放时间

全年全天。

3. 交通方式

从圣马克广场步行即可到达,或乘坐 1、52、82 路水上巴士,在 SanMarco 站下船。

3.2.7 奇迹广场 Piazza dei Miracoli

奇迹广场是来比萨参观的重中之重,广场上的四大建筑——比萨大教堂、洗礼堂、比萨斜塔(Torre pendente di Pisa)和墓园都堪称建筑史上的艺术杰作。奇迹广场是中世纪艺术精华的中心之一,于 1987 年被联合国教科文组织列入世界遗产名列。广场中心的比萨大教堂始建于 12 世纪,是中世纪罗曼式建筑的代表作,教堂内部的马赛克装饰又混合着拜占庭风格,形成了其独有的“比萨罗曼风格”。比萨斜塔建造于 1173 年 8 月,从地基到塔顶高 58.36 米,从地面到塔顶高 55 米,1178 年首次被发现倾斜。比萨斜塔多年斜而不倒,引发很多人的研究热情,有人测算,斜塔将于 250 年后因塔身的重心超出塔基外缘而倾倒。奇迹广场上的四座建筑堪称建筑杰作,它们在空间上的设计从艺术角度上是独一无二的,是人类创造精神的杰作。

奇迹广场

比萨斜塔

1. 文化溯源

奇迹广场得名于意大利作家、诗人加布里埃尔·邓南遮小说中的一段描写:“L'Ardea rotcò ncl cielo di Cristo, sul prato dci Miracoli.(苍鹭旋转了基督的天空,旋转了奇迹的草地。)”

传说1590年,出生在比萨城的意大利物理学家伽利略曾在比萨斜塔上做自由落体实验,他将两个重量不同的球体从相同的高度同时扔下,结果两个铅球几乎同时落地,由此发现了自由落体定律,推翻了亚里士多德的理论。但是这一实验是否真的存在,目前尚有争议。

2. 开放时间

通常为9:00—20:00,具体时间参照官网。

3. 门票价格

任选一个遗迹:5欧元;任选两个遗迹:7欧元;任选三个遗迹:8欧元;全部:9欧元。
持套票可免费参观大教堂。

4. 交通方式

从比萨火车站步行约20分钟可到。

教科书中的伽利略试验

3.2.8 庞贝古城 Pompeii

庞贝古城是亚平宁半岛西南角坎佩尼亚地区一座历史悠久的古城，其西北距罗马约 240 千米，位于意大利南部那不勒斯附近，维苏威火山西南脚下 10 千米处，西距风光绮丽的那不勒斯湾约 20 千米，是一座背山面海的避暑胜地，始建于公元前 6 世纪，79 年毁于维苏威火山大爆发。由于被火山灰掩埋，街道房屋保存比较完整，从 1748 年起考古发掘持续至今，为了解古罗马社会生活和文化艺术提供了重要资料。

庞贝古城

1. 门票价格

大景区门票:20 欧元。

2. 交通方式

公交:乘坐 4、50 路至 Mazzini 6 站。

3.2.9 斯福尔扎城堡 Castello Sforzesco

这座建于 14 世纪的城堡是米兰沧桑历史的见证,1450 年由斯福尔扎伯爵作为城堡而重建,而后成为斯福尔扎家族的住所,里面收藏了很多具有很高艺术和历史价值的作品。古堡内有博物馆、图书馆、雕刻馆、博物馆,陈列有雕刻、家具、绘画等。图书馆内收藏手稿 1 500 份。雕刻馆内有达·芬奇、米开朗基罗的作品。

斯福尔扎城堡

1. 开放时间

1 月 1 日—12 月 31 日,周一—周日:7:00—19:30。

2. 门票价格

城堡免费,城堡博物馆全价票 5 欧元。

3. 交通方式

地铁:1 号线至 Cairoli 站。
公交:18、50、37、58、61、94 路至 Castello 站。

电车：1、2、4、12、14、19 路。

3.2.10 埃马努埃莱二世拱廊 Galleria Vittorio Emanuele Ⅱ

埃马努埃莱二世拱廊位于米兰大教堂广场北侧，以意大利统一后第一位国王埃马努埃莱二世命名，建于 1865—1877 年，是为了庆祝米兰摆脱外国势力及新意大利王国的统一而兴建的。长廊呈十字形，长 196 米，宽 105 米，高 47 米，廊顶呈拱圆形，顶上装有透明玻璃，这是意大利乃至全欧洲最漂亮的长廊之一，也是米兰最高雅的商业中心，被称为“米兰的客厅”。拱廊里林立着许多商店，不乏著名的奢侈品店，十分热闹，是欧洲最漂亮的商业拱廊之一。

埃马努埃莱二世拱廊

1. 开放时间

全年全天。

2. 交通方式

参考米兰大教堂。

3.2.11 锡尔苗内 Sirmione

锡尔苗内是位于意大利北部的小镇，是个干净整洁而且精致的地方，这里到处鲜花盛开，阳光明媚，充满了活力，却又显得宁静。踱步于小镇的砖石路上，穿行于狭窄的小巷之间，漫步在鲜花丛中，流连于湖光山色之间，恍若进入梦想中的世外桃源。此外，建于 13 世纪的斯卡利杰拉古堡(Scaligerburg)是小镇最有特色的古建筑,沿古堡中的角楼迂回而上,在厚实的城墙垛上,吊桥、湖水、沙滩和小镇尽收眼底。镇上狭窄的小巷和安静的小广场中,古董店、餐厅、小酒吧、咖啡馆散落其间。

锡尔苗内

开放时间

全年全天。

3.2.12 贡多拉 Gondola

贡多拉是独具特色的威尼斯尖舟,装饰华美,两头高翘呈现月牙形,由一位船夫站在船尾划动。几个世纪以来,贡多拉都是威尼斯市内主要的交通工具,据说7世纪时,第一任总督将这种船命名为“贡多拉”。

3.2.13 圣马力诺 Repubblica di San Marino

圣马力诺共和国是一个袖珍国家,位于欧洲南部,意大利半岛东部,整个国家被意大利包围,是一个国中国。圣马力诺的邮票仅在国内有效,绝大部分出售给了集邮爱好者,这是其收入的主要来源。

贡多拉

圣马力诺

3.2.14　白露里治奥 Civita di Bagnoregio

白露里治奥是意大利最美的古城，它有另一个广为流传的名字：天空之城。这是一座中世纪的城堡，坐落在山顶上，只有一条狭窄的人行天桥和外界相连。从远处望去，城堡在云雾围绕中若隐若现，犹如飘浮在空中，故此得名“天空之城”。日本知名动画导演宫崎骏的名作《天空之城》的创作灵感便来自于此。白露里治奥古城不通交通，其相对隔绝的地理环境使整个古城保存完好，呈现了原汁原味的中世纪城堡的模样。漫步城内，随处可见斑驳的城墙、古老朴素的门窗、清新秀丽的花草，还有偷懒贪睡的猫，一切都是那么宁静安详。遗憾的是，这座古城在地质作用下，自 20 世纪以来不断地下沉。

白露里治奥

1. 开放时间

全年全天。

2. 交通方式

游览天空之城，需先抵达奇维塔，建议从罗马乘坐火车抵达奥维多，然后转乘大巴到达奇维塔。

内部交通：抵达奇维塔后，可乘巴士到维泰博，后包车或者步行穿过高架桥即达。

3.2.15 白悬崖海滩 Spiaggia di Scogliera Bianca

白悬崖海滩位于距离阿格里真托 13 千米远的地中海海岸，这是全世界为数不多的白垩悬崖之一，因其不一样的悬崖颜色而闻名，仿佛台阶一般。海滩上白色的石灰崖逐渐变成金黄色，如同夕阳落日，犹如仙境。

白悬崖海滩

3.3 实用信息

3.3.1 使领馆信息

中华人民共和国驻意大利共和国大使馆：
地址：VIA BRUXELLES，56 00198 Roma。
电话：0039－06－96524200。
传真：06－96524260。
办公时间：每周一、三 9:30—12:30。

中华人民共和国驻米兰总领事馆：Via Benaco，4，20139 Milano，02－5694106。

中华人民共和国驻佛罗伦萨总领事馆：Via dei della Robbia，89－91，50132 Firenze，055－573889。

3.3.2 日常用语

Buongiorno！早上好！

Buonasera！晚上好！

Ciao！你好/再见！

ArrivederLa！再见！

Un momento. 请稍候。

Scusi. 打扰了。（相当于英语中的 Excuse me。）

Grazie. 谢谢。

Bravo！太棒了！

Sì. 是。

No. 不。

È un po'largo/stretto，c'è una taglia più piccola/grande？有点瘦/肥，有大/小一号的吗？

Quanto costa？Quanto viene？Quant'è？多少钱？

Posso pagare con la carta di credito？我可以使用信用卡付钱吗？

Il menù，per favore. 菜单，拜托。

Il conto，grazie. 账单，谢谢。

Vorrei prenotare una camera singola/doppia/matrimoniale dal... al.... 我想预订一间从……号到……号的单人间/标准间/大床房。

Scusi，sa dirmi dov'è...？不好意思，您能告诉我……在哪儿吗？

Quale autobus devo prendere？我应该坐哪路公交车？

Dove posso comprare il biglietto？我能在哪里买票？

Da quale binario parte il treno？火车从几站台出发？

第 4 章　西班牙

4.1　认识西班牙

4.1.1　文史徜徉

大约在 120 万年前，西班牙境内的阿塔普埃尔卡山一带就出现了目前最早的欧洲人类遗迹，现代人大约于 3.5 万年前由比利牛斯山脉进入伊比利亚半岛，其最著名的标志是阿尔塔米拉洞窟的岩画，这些岩画完成于公元前 15 世纪，具有极高的艺术价值。

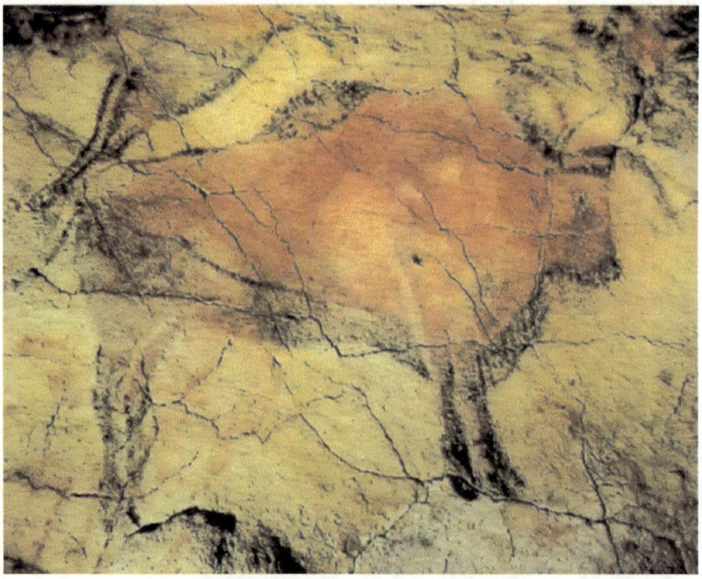

著名的阿尔塔米拉洞窟的野牛

大约在公元前 11 世纪，腓尼基商人建立了商业据点加的斯。公元前 9 世纪，第一批希腊殖民地在伊比利亚半岛东部的地中海沿岸建立，希腊人以埃布罗河为这片地区取名伊比利亚。公元前 6 世纪，迦太基人抵达伊比利亚半岛，先后与希腊人、罗马人争夺西地中海的控制权。之后罗马共和国和当地的凯尔特伊比利亚部落之间爆发了西班牙战争。随着罗马统治的建立，当地经济得到快速发展，涌现出一批新城市。

409 年，日耳曼部落入侵西班牙，标志着罗马对半岛的统治告终。随着罗马帝国的灭亡，伊比利亚半岛在 410 年之后被西哥特帝国所统治。507 年，在武耶战争中，法兰克人推翻了高卢的西哥特人王国。531—548 年，最后一个东哥特国王提乌迪斯统治西班牙。711 年，穆斯林入侵西班牙，其军队征服了西哥特王国。718 年，科瓦栋加战役爆发。756 年，阿卜杜勒·拉赫曼一世在科尔多瓦创立了倭马亚埃米王国。981—1002 年，摄政曼苏尔在科尔多瓦掌权。1020 年前后，巴塞罗那人重新开始使用金币。1031 年，最后一任哈里发下台，塔伊法国家时期开始。10 世纪，科尔多瓦哈里发国建立之后，西班牙犹太艺术进入黄金时期。这一时期出现的史诗是西班牙最早的文学作品，代表作是《熙德之歌》。1067 年，红衣主教修·坎迪乌斯作为教皇的特使首次访问西班牙。1070 年，马拉喀什的建立标志着阿尔摩拉维德人扩张到了摩洛哥北部地区。1086 年，阿尔摩拉维德人入侵，在萨拉拉哈斯击败阿方索六世。1118 年，阿拉贡的国王阿方索一世征服了萨拉戈萨。1137 年，阿拉贡王国与巴塞罗那郡王朝联合。1173 年，阿尔摩哈德人结束了对安达卢西亚的征服。1229 年，阿拉贡的詹姆斯一世征服了巴利阿里群岛。1238 年，詹姆斯一世征服巴伦西亚。1282 年，詹姆斯三世征服西西里，1292 年征服塔里法。1337 年，英法百年战争爆发。1389 年，西班牙的英法百年战争结束。

熙德塑像

13 世纪，卡斯蒂亚国王阿方索十世在位时翻译了大量的阿拉伯文、希伯来文、拉丁文的作品，这些作品包括散文、故事集和史书等，主要译著有《编年史》《世界通史》《法律全书》《天文知识》，这些作品极大地促进了西班牙的文化和科学的发展，因此阿方索十世也获得了“智者”的称号。

进入中世纪后，西班牙内穆斯林和基督教徒间的战争持续进行，随着收复失地运动的不断发展，基督教国家的实力得到增强。到 15 世纪，阿拉贡王国和卡斯蒂亚王国成为实力最强的国家，两国的君主实行共治，并最终在 1492 年建立了西班牙王国，同年他们还资助哥伦布进行海外探险，使其成为地理大发现的重要人物。1516 年，查理继承西班牙王位，在西班牙被称为西班牙一世。1556 年，菲利普二世继承了西班牙王位。1580 年，菲利普二世的军队占领葡萄牙。1659 年，《比利牛斯条约》达成了西班牙与法国间的和平。

阿方索十世

哥伦布

在这一时期，西班牙的文化发展受到了阿拉伯文化和基督教的重要影响，出现了以阿拉伯方言著写的抒情诗文体“哈尔查”，也出现了以“教士诗”为体裁的文学作品，这些文学作品精致且严谨，代表作有《亚历山大之歌》和《阿波罗尼奥斯之歌》。

西班牙帝国是近现代历史上第一个全球性帝国，也是世界历史上规模最大的帝国之一。西班牙帝国在哈布斯堡家族统治时期达到了顶峰，征服者摧毁了阿兹特克文明、印加文明和玛雅文明，将北美洲和南美洲的广阔土地纳入自己的版图，这也使得这一时期的西班牙文化发展到了又一个高峰。随后，哈布斯堡王朝的统治开始衰弱，但是西班牙文化的黄金时代也开始了，这一阶段涌现出了许多杰出的艺术作品，最为知名的是塞万提斯的《堂吉诃德》。

小说《堂吉诃德》的插图

18—19 世纪，随着法国大革命以及拿破仑战争的爆发，欧洲产生了严重的混乱，西班牙帝国因此衰落，并且丧失了绝大部分的海外领土，也将第一帝国的宝座让给了后起的英国。1873 年，西班牙爆发了资产阶级革命，建立了西班牙第一共和国，次年王朝复辟，随后在 1898 年爆发的美西战争中失败，丧失了古巴、菲律宾等最后的海外殖民地，彻底失去了国际大国的地位。

美西战争

20 世纪初，西班牙在第一次世界大战中保持中立，但是随后陷入严重的内战。弗朗哥于 1939 年 4 月夺取政权，并且在 1947 年宣布西班牙成为君主国，1966 年 7 月立末代国王阿方索十三世之孙胡安·卡洛斯为继承人，1978 年宣布实行君主立宪制，这一体制最终延续至今。

现代西班牙同样拥有绚烂的艺术成果。最著名的艺术家当属画家毕加索，他是现代艺术的创始人，西方现代派绘画的主要代表，也是当代西方最有创造性和影响最深远的艺术家，还是 20 世纪最伟大的艺术天才之一。他一生大约完成了 37 000 件作品，十分高产，其中不乏《格尔尼卡》《和平鸽》等传世名作。

毕加索和《梦》

4.1.2 今日速览

如今的西班牙全称西班牙王国，使用的语言是西班牙语。西班牙多山，西邻葡萄牙，北濒比斯开湾，东北部与法国及安道尔接壤，南隔直布罗陀海峡，与非洲的摩洛哥相望。西班牙是发达国家，经济总量居欧洲第五，世界第十三，是北约和欧盟的成员国。

西班牙国旗

1. 政　治

根据西班牙现行宪法，西班牙的政体为议会制君主立宪制，实行立法、行政、司法三权分立。国王为国家元首与武装力量的总司令，首相则是政府最高首脑，经议会多数党提名后由国王任命。行政权由政府掌握，立法权则由两院制的议会行使。

西班牙议会由参议院和众议院组成，行使立法权、审批财政预算、监督政府工作。立法权以众议院为主，参议院为地区代表院。议员由普选产生，任期 4 年。议会共有众议员 350 名，参议员 266 名。

西班牙现为联合政府，于 2020 年 1 月 12 日成立，首相是佩德罗・桑切斯・佩雷斯-卡斯特洪(工人社会党)，内阁成员共有 23 名，其中 17 人来自工人社会党，5 人来自“我们能”党，还有一名无党派人士。4 名副首相中的 3 名来自工人社会党，另一人为“我们能”党领导人巴勃罗・伊格莱西亚斯・图里翁。

西班牙司法领导机构是司法总委员会，由 20 名成员组成，最高法院院长兼任主席。司法机构分司法法院和行政法院两大系统。现任最高法院院长是卡洛斯・莱斯梅斯・塞拉诺斯。最高检察机构是国家总检察院，下辖各级检察院及派驻各司法部门的检察官。现任总检察长是玛丽亚何塞・塞加拉。西班牙实行多党制，主要政党有人民党、工人社会党、“我们能”党、公民党等。

2. 经　济

西班牙是中等发达的资本主义工业国，经济总量居欧盟第五位、世界第十三位，主要工业有纺织、钢铁、水泥、造船、汽车制造、电力等。西班牙的农业现代化水平较高，橄榄油产量和葡萄种植面积均居世界第一。20 世纪 80 年代初，西班牙开始实行紧缩、调整、改革政策，采取了一系列经济自由化措施，以 1986 年加入欧共体为契机，经济发展出现高潮。90 年代初，由于出现经济过热现象，经济增长速度放慢并陷入衰退。90 年代中期以来，在西班牙政府采取的宏观调控政策的作用下，西班牙的经济开始回升并持续稳步增长。1998 年 5 月，西班牙成为首批加入欧元区的国家，其经济持续快速增长，年增幅高于欧盟国家平均水平。近年来，西班牙经济受国际金融危机和欧债危机负面影响较大，2014 年起实现恢复性增长。

西班牙农业用地面积占国土面积的13.8%，居欧盟第二位。农作物种植种类主要有葡萄、橄榄、柑橘等。畜牧业以猪、牛为主，头数分别占所有畜类的41.5%和28.1%。猪肉、羊肉产量居欧盟第二位。橄榄的种植面积及橄榄油的产量均居世界首位，全世界50%的橄榄油产自西班牙。葡萄的种植面积居世界首位，达95万公顷，占世界总种植面积的13%。

工业产值占西班牙GDP比例较高，主要工业部门包括纺织、食品、汽车制造、冶金、化工、能源、电力等。其中，汽车工业是西班牙的支柱产业之一，2018年汽车产量达282万辆，同比下降1%，位居欧盟第二位、世界第八位。2018年，西班牙对外出口汽车230万辆，同比下降0.6%，占汽车总产量的81.6%。

西班牙的服务业是国民经济的重要支柱之一，包括文教、卫生、商业、旅游、社会保险、运输业、金融业等，其中尤以旅游和金融业较为发达。2012年，服务业产值占国内生产总值的65.5%，就业人口为1 295万。西班牙旅游业发达，是国民经济的重要支柱之一。2019年，西班牙入境旅游人数为8 370万人次，仅次于法国，居世界第二，同比增长1.2%。入境旅游收入达923.37亿欧元，同比增长2.9%，位列世界第二。旅游总收入占西班牙国内生产总值的12.4%。

3. 文　化

首都马德里是西班牙的商业中心和“总部经济”中心，也是全国最大的城市，拥有悠久的历史和众多古迹，主要景点有太阳门广场、马德里王宫、西班牙广场。

西班牙第二大城市巴塞罗那是加泰罗尼亚自治区首府，也是世界上人口最稠密的城市之一。巴塞罗那濒临地中海，是地中海风光旅游目的地和世界著名的历史文化名城，也是西班牙最重要的贸易、工业和金融基地，被称为“伊比利亚半岛的明珠”。

太阳门广场

弗拉门戈舞与斗牛并称为西班牙两大国粹。弗拉门戈是西班牙的一种综合性艺术，它融舞蹈、歌唱、器乐于一体，源于传统吉普赛人民居住

巴塞罗那市区

的地方，是具有西班牙特色和代表性的艺术之一。

弗拉门戈舞蹈

西班牙一年一度的奔牛节，其正式名称为“圣费尔明节”，圣费尔明是西班牙东北部富裕的纳瓦拉省省会潘普洛纳市的保护神。在这一天，参与者会跑到公牛面前，将牛激怒，诱使其冲入斗牛场，之后再由斗牛者完成斗牛表演。

奔牛节盛况

4.2 旅游打卡

4.2.1 马德里王宫 Palacio Real de Madrid

马德里王宫是在费利佩五世的命令下，于18世纪在曼萨莱斯河左岸的山岗上，在一个阿拉伯城堡的基础上建造而成的，是仅次于凡尔赛宫和维也纳美泉宫的欧洲第三大皇宫，也是世界上保存最完整且最精美的宫殿之一。皇宫外观呈正方形结构，富丽堂皇，宫内藏有无数的金银器皿和绘画、瓷器、壁毯及其他皇室用品，是波旁代表性的文化遗迹，在欧洲各国皇宫中数一数二。现在，该皇宫已被开辟为博物院，供游人参观。

马德里王宫

1. 文化溯源

菲利普五世

曾是法国安茹公爵的菲利普五世是法国“太阳王”路易十四和西班牙公主玛利亚·特蕾莎之孙，是西班牙波旁王朝第一位国王，从小在凡尔赛宫长大。抵达马德里后他非常不喜欢哈布斯堡王朝的建筑风格，他下令建造的马德里王宫内部金碧辉煌，独立建筑无数，其中著名的有阿拉巴德洛斯大厅（Salón de Alabarderos）、镜厅（Salón de Espejos）、卡洛斯三世国王寝殿等，御花园和摩尔花园（Campo del Moro）也颇为引人入胜。在王宫里还可以欣赏到委拉斯凯兹(Velázquez)、戈雅(Goya)、鲁本斯(Rubens)等大师的画作。

阿拉巴德洛斯大厅和镜厅

摩尔花园

2. 开放时间

10 月 1 日—次年 3 月 31 日,周一—周六:10:00—18:00;周日:10:00—16:00。
4 月 1 日—9 月 30 日,周一—周六:10:00—20:00;周日:10:00—16:00。

3. 门票价格

成人票:20.77 欧元。
5~16 岁、65 岁以上人员、25 岁以下学生:13 欧元。

4. 交通方式

地铁:乘坐 5 号线或 2 号线至 Ópera 站下车,然后步行 5 分钟即可到达。

4.2.2　太阳门广场 Puerta del Sol

太阳门广场位于马德里市中心，呈半圆形，有 10 条街道呈放射状向外延伸。保安局大楼是一座 18 世纪末新古典风格的宫殿式建筑，是广场中突出的建筑物。太阳门最初是马德里城墙上的一座城门，城墙修筑于 15 世纪，城墙以外是郊区。太阳门面向东方，装饰着升起的太阳，因而得名。太阳门广场建成后，曾作为马德里的中心邮局、陆军司令部和政治部。太阳门广场是个具有历史意义的广场，也是能体现马德里风土人情的地方。

太阳门广场

1. 文化溯源

太阳门广场的中央有一座青铜雕像，是一只棕熊趴在一株草莓树上，这个形象也是马德里市的市徽。传说中，一对母子外出游玩，小孩子调皮活泼，所以越走越快，离母亲也越来越远，正当他发现自己已走远，想要返回寻找母亲的时候，遇上了一只棕熊。棕熊紧追不舍，小男孩情急之中爬上了一株草莓树，于是棕熊在树下攀伏。小男孩稍作休息时听到了也在寻找他的母亲的呼喊，小男孩害怕棕熊伤害自己的母亲，便大喊“母亲快跑”，引来了猎人，最终母子二人平安获救。而马德里的名字，正是来源于“母亲快跑”。

马德里市徽

2. 开放时间

全年全天。

3. 交通方式

地铁:乘坐 1、2、3 号线至 Puerta del Sol 站下车即可到达。

4.2.3 索菲亚王后国家艺术中心博物馆 Museo Nacional Centro de Arte Reina Sofía

索菲亚王后国家艺术中心博物馆作为西班牙访客最多的艺术博物馆,得名于西班牙索菲亚王后,主要收藏西班牙艺术品,涵盖超现实主义、抽象主义、前卫派等多种艺术风格。

索菲亚王后国家艺术中心博物馆

在这里,你可以找到众多近现代艺术先锋的作品,如毕加索、达利、康定斯基、米罗的名作。馆藏亮点是 20 世纪西班牙大师毕加索的杰作《格尔尼卡》,可以说,前往该博物馆参观的不少人都是冲着这幅画去的。

1. 文化溯源

1937 年初,毕加索受邀为巴黎世界博览会的西班牙馆创作一幅装饰油画。在毕加索构思期间,发生了德国空军轰炸西班牙北部巴斯克重镇格尔尼卡的事件,三小时的轰炸使格尔尼卡化为平地。毕加索义愤填膺,决定把这一事件作为油画创作的题材,来表达自己对战争罪犯的抗议和对这次事件中死去之人的哀悼,这便是画作《格尔尼卡》。此画结合立体主义、超现实主义风格,表现痛苦、受难和兽性,以激动人心的形象艺术语言,控诉了法西斯战争惨无人道的暴行。

除了举世闻名的《格尔尼卡》,博物馆里还收藏了众多艺术家的作品,比如超现实主义绘画大师达利以及抽象艺术先驱康定斯基的作品。达利以其超现实主义作品而闻名,是一位具有非凡才能和想象力的艺术家,与毕加索、马蒂斯一同被认为是 20 世纪最有代表性的三位画家。康定斯基是现代艺术的伟大人物之一,同时也是现代抽象艺术在理论和实践上的奠基人,其绘

画作《格尔尼卡》

画售价曾近 1 500 万美元，他的著作《论艺术的精神》《关于形式问题》等都是抽象艺术的经典著作，是现代抽象艺术的启示录。

达利《立体派画家的自画像》

康定斯基作品

2. 开放时间

周一，周三—周六：10：00—21：00。
周日：10：00—14：30。

3. 门票价格

普通票：12 欧元。

4. 交通方式

地铁:1 号线至 Atocha 站。

公交:6、8、10、14、19、24、26、27、32、34、36、37、41、45、47、54、55、57、59、60、78、85、86、102、116、118、119、141、148、247、E3、C1、C2 号皆可抵达。

4.2.4 国家浪漫主义博物馆 Museo del Romanticismo

这座 18 世纪的新古典主义宫殿位于马德里市中心,它的创始人是维加·英克兰侯爵(Vega Inclán),这位收藏家将一生的藏品都捐给了这里,其中包括绘画、雕塑、装饰艺术,以及包括 4 000 多份历史文件在内的 1.6 万件藏品,致力于展示 19 世纪上半叶西班牙浪漫主义时代的社会文化和生活方式。

国家浪漫主义博物馆

1. 文化溯源

维加·英克兰侯爵一生参与创办了数十个公共项目和文化机构,为多位艺术家、文学家、考古学家和建筑师提供赞助,是 20 世纪上半叶西班牙文化发展的重要推动者。1921 年,侯爵在马德里举办了一场展览,公开展出自己收藏的 86 件浪漫主义绘画和家具。展览结束后,他决定将这些藏品捐赠给国家,以此为基础建立一座博物馆,专注于 19 世纪上半叶西班牙浪漫主义时代艺术,这便是后来的国家浪漫主义博物馆。

西班牙浪漫主义画派画家戈雅的画作《教宗额我略一世》是侯爵的私人藏品,存放在作为私人礼拜室的 13 号房间。戈雅的画作风格多变,对后世的现实主义画派、浪漫主义画派和印象派都有很大的影响。

17 号房间以浪漫主义作家 Mariano José de Larra 命名,陈列着博物馆最重要的藏品《浪

展厅

漫自杀的讽刺》,这幅油画被认为是“西班牙浪漫主义的代表作”。

戈雅《教宗额我略一世》

《浪漫自杀的讽刺》

2. 开放时间

周二—周六:9:30—20:30。

周四,周日:10:00—15:00。

周二:9:30—18:30。

周一闭馆。

3. 门票价格

全票:3欧元。

优惠票:1.5 欧元。

免票:18 岁以下,周六 14:00 后、周日全天。

4.2.5 塞维利亚大教堂 Catedral de Sevilla

塞维利亚大教堂曾是基督教世界里最大的宗教建筑,目前是世界五大教堂之一,是仅次于梵蒂冈的圣彼得大教堂和意大利的米兰大教堂而位居世界第三位的大教堂。该教堂建于 15 世纪初,是在原伊斯兰教寺院的旧址上改建而成,已经入选为世界文化遗产。伟大的航海家哥伦布最后就是长眠于塞维利亚,他的灵柩埋葬在塞维利亚大教堂中。

塞维利亚大教堂

1. 文化溯源

1506 年,哥伦布在巴拉多利德逝世,其遗体也被葬在当地。后来,遗体被转移到塞维利亚,然后又横过大西洋到圣多明各。当法国人占领圣多明各时,哥伦布的遗骸被转移到古巴。在美西战争中,西班牙将古巴输给了美国,战争结束后,这些遗骸被移送回西班牙,存放在塞维利亚大教堂中。教堂中哥伦布的棺椁由四个高大的执杖者石像抬起,举在肩上,四人身披着象征西班牙地区四个王国的国旗,显示了哥伦布崇高的地位。

2. 开放时间

周一—周六:11:00—19:00;周日:12:00—19:00。

哥伦布墓

3. 门票价格

普通票(成人):13 欧元。

优惠票(25 岁以下学生、领取养老金者):7 欧元。

免票:塞维利亚教区居民、14 岁以下的儿童、残疾程度高于 65%的残疾人、失业人员;60 周岁以上、16～25 岁。

4. 交通方式

有轨电车: T1 到达 Archivo de Indias 后,步行即可到达。

4.2.6 塞维利亚王宫 Palacio Real de Sevilla

塞维利亚王宫是欧洲最古老的皇家宫殿,在 1987 年入选为世界文化遗产。王宫修建于中世纪,最早是摩尔人的城堡,后来融合了伊斯兰风格、基督教风格和哥特风格,非常能体现安达卢西亚地区的建筑风格。除去建筑,王宫的花园也混合了阿拉伯式和哥特式这两种风格,很有看头。这里还是电视剧《权力的游戏》中多恩所在的马泰尔家族的皇宫庭园拍摄地。

1. 开放时间

10 月 1 日—次年 3 月 31 日,周一—周日:9:30—17:00。

4 月 1 日—9 月 30 日,周一—周日:9:30—19:00。

2. 门票价格

普通票:14.5 欧元。

塞维利亚王宫

3. 交通方式

有轨电车：在塞维利亚主教堂的南边，乘有轨电车 T1 至 Archivo de Indias 站，步行即可到达。

4.2.7 达利戏剧博物馆 Teatro Museo Dalí

达利戏剧博物馆位于巴塞罗那以北距法国边境 20 千米处的菲格拉斯，这个小镇因为达利这位怪诞不羁、受人喜爱的超现实主义艺术巨子而闻名于世。博物馆的设计都是由达利亲自完成的，光从其外观看，达利的怪诞已可见一斑。博物馆的顶部有一个巨大的玻璃圆球屋顶，周围是许多或立或倒的鸡蛋和一些雌雄同体的小雕塑，馆内收藏着达利在各个创作阶段的不计其数的画作，其中包括《挂钟》《维纳斯的幻影》《纳希瑟斯的蜕变》等作品。除了绘画，还有达利设计的雕塑、珠宝、家具等。在博物馆中心的地下室内有达利的石棺，那里还展出达利设计的部分金饰。

1. 文化溯源

这所博物馆是西班牙仅次于普拉多博物馆的第二大博物馆，堪称全西班牙参观人数最多的博物馆之一，仅在 1998 年就接待观众 75 万人次。游客可以在这座艺术殿堂里身临其境地体验达利这位艺术天才的创作、思想和生活历程。

达利戏剧博物馆

达利

达利《挂钟》

达利《纳希瑟斯的蜕变》

2. 开放时间

11月1日—2月28日:10:30—18:00。
3月1日—6月30日:9:30—18:00。
7月1日—9月30日:9:00—20:00。
10月1日—10月30日:9:30—18:00。

3. 门票价格

普通票:11欧元。

4. 交通方式

火车:从巴塞罗那乘坐火车至菲格拉斯(Figueres)小镇,到达小镇后,步行5分钟即可抵达博物馆。

4.2.8 格兰大道 Gran Vía

格兰大道是西班牙首都马德里市中心的一条高档购物街,东起阿尔卡拉街(接近西贝莱斯广场),西到西班牙广场。从1904年修建以来,这条大街就被认为是休闲和消费的场所,是马德里市最重要的购物区之一,有大量的酒店和大型电影院,并以大型建筑著称。白天的格兰大道仅仅是一条热闹的街道,到了晚上霓虹灯闪耀的格兰大道变成了一个纯粹的娱乐世界,开始散发其独特的魅力,在这里人们整个夜晚都可以尽情享受西班牙的风情和浪漫气息。

格兰大道

交通方式

地铁:乘坐马德里地铁至Gran Via站。

4.2.9 百花巷 Calleja de las Flores

百花巷和犹太人街在同一个地方，这是科尔多瓦最典型的街道之一——花巷，也可翻译为Alley of the Signboards。正像它的名字一样，小巷两侧白色的墙壁上无论何时总是装点着当季的鲜花。天竺葵是安达卢西亚最流行的花，游客可以在科尔多瓦的街道上发现许多栽满天竺葵的露台。

百花巷

1. 门票价格

免费。

2. 交通方式

公交：乘坐3路、7路公交车在San Fernando站下车后步行到达。

4.2.10 龙达新桥 Puente nuevo de Longda

新桥横跨于埃尔塔霍峡谷之上，将龙达这个具有悠久历史且风景如画的城市一分为二。没来过龙达的人，光看照片是无法感受到新桥所带给人的震撼的。龙达地理位置的特殊性为这种震撼感提供了得天独厚的条件——新桥高98米，下面就是深渊，白色的房子建造在悬崖边上，沿着新桥边上的小路往前走，可以看到桥下的深谷和深谷里的房子，这种错落有致的风景无法用平面的照片表现出来。新桥是西班牙上镜率最高的建筑物之一，站在峡谷的脚下，依然会有置身梦中的错觉：一幢幢白色屋舍盘踞在直上直下的崖壁上，宛如朵朵白云从山坡蔓延至天际。

龙达新桥

交通方式

搭乘火车或公交前往龙达，然后步行前往新桥即可。

4.2.11　托雷维耶哈盐湖 Las Salinas de Torrevieja

托雷维耶哈盐湖是西班牙西南部的咸水粉红湖，位于托雷维耶哈附近，被称为“托雷维耶哈盐田”。托雷维耶哈位于阿利坎特城南约 50 千米处，大约有 10 万常住人口，这里原本是盐矿和渔村，19 世纪，这里生产出来的盐通过船只可以运到瑞典和荷兰。今天，盐业仍然是这个

托雷维耶哈盐湖

西班牙小海港重要的产业。

湖内生活着大量藻类，正是这些藻类让湖水变成粉红色。在迁徙季节，火烈鸟成群地落在该地区。它们和其他候鸟一起在这里消磨时间，因为湖水中生活着许多的盐水虾，可以让这些鸟类大饱口福。

4.3 实用信息

4.3.1 使领馆信息

中华人民共和国驻西班牙王国大使馆：
地址：C/ Arturo Soria，111－113，28043，Madrid，España。
电话：＋34 91 519 42 42。
传真：＋34 91 519 20 35。

中华人民共和国驻巴塞罗那总领事馆：Av. Tibidabo，No. 34 Barcelona España，0034－932125622。

4.3.2 日常用语

uno 一
dos 二
tres 三
este 东边
oeste 西边
sur 南边
norte 北边
izquierda 左
derecha 右
tiempo 时间
mañana 早上，上午
mediodía 中午
tarde 下午

Hola！你好！
Buenos días！/¡Buenas tardes！/¡Buenas noches！上午好！/下午好！/晚上好！
Me llamo xxx. /Soy xxx. 我叫/我是 xxx。

Hasta luego. /Hasta mañana. 回见。/明天见。

De dónde es usted? 您来自哪儿?

Soy de China. /Vengo de China. 我来自中国。

Haga el favor de hablar despacio. 请您慢点说。

Perdón, no le he entendido. 对不起,我没听懂。

A cuándo estamos? 今天几号?

Qué hora es? 现在几点。

Como una hamburguesa y un muslo de pollo frito. 我吃一个汉堡,一个炸鸡腿。

Muchas gracias por tu ayuda. 非常感谢你的帮助!

La oficina de correos ¿Dónde está? 邮局在哪里?

Podría usted indicarme el camino para ir a la estación de autobuses? 对不起,汽车站怎么走?

Puedo mirar este reloj? 我可以看看这块表吗?

Me quedo con él/ella. 我买了。

Haga el favor de presentar su pasaporte, pliego de aduana y el impreso de la declaración de salud. 请您出示护照、报关单和健康申报单。

第5章　英　国

5.1　认识英国

5.1.1　文史徜徉

不列颠群岛上很早就有人类活动的踪迹，最早的可以追溯到80万—100万年以前。从公元前13世纪左右开始，来自欧洲大陆的伊比利亚人和凯尔特人逐渐迁移到群岛上，带来了先进的铁器和社会制度。

英国沿海地区发现的人类脚印

随着罗马帝国在欧洲的崛起，不列颠群岛也被罗马军团入侵，在击败了凯撒的两次入侵之后，不列颠群岛于43年被罗马皇帝克劳狄一世征服，成为罗马帝国的一个行省。5世纪初，罗马帝国从不列颠岛撤兵，群岛被来自大陆的日耳曼人部落征服，其中的盎格鲁-撒克孙人将这片土地命名为“盎格兰”，这也就是英格兰名字最初的来源。日耳曼人在7世纪左右建立起了7个独立的王国，被视为英国社会封建化过程的开始。829年，韦塞克斯(Wessex)国王爱格伯特统一其他王国，从此将这个统一的国家称为英格兰。

8世纪初，不列颠群岛遭到了以丹麦人为主的斯堪的纳维亚人的入侵，这些被后世称为“维京海盗”的军队与群岛本地的国家进行了长达数百年的战争。879年，阿尔弗烈德大王和丹麦人订立条约，将英格兰东北部划归丹麦管辖，称为“丹麦区”。11世纪初，丹麦人卷土重来，进入威塞克斯王朝首都伦敦，丹麦王克努特大帝成为全英之王，是为丹麦王朝。一直到克努特之子死后，英国王位才复归于英格兰人“忏悔者”爱德华。

1154年，亨利二世继承王位，金雀花王朝开始。1215年，金雀花王朝国王约翰在大封建领主、教士、骑士和城市市民的联合压力下被迫签署《大宪章》，这是英国封建时代最重要的宪法

维京海盗

性文件之一，英国资产阶级革命时期，《大宪章》被作为争取权利的法律依据。13 世纪初，牛津大学和剑桥大学创立。1277—1288 年，英格兰征服威尔士。

《大宪章》文本

1337—1453 年，英国和法国为了领土扩张和王位争夺而进行的战争，是世界上时间最长的战争，断断续续进行了 116 年，当时又是黑死病流行的时代，在战争和疫病的双重打击下，英法两国的经济大受创伤，民不聊生。英格兰几乎丧失所有的法国领地，但这也使英格兰的民族主义兴起，走上了中央集权的道路。1413 年，苏格兰第一所大学圣安德鲁斯大学成立。

1455—1487年，约克家族与兰卡斯特家族之间爆发了“玫瑰战争”。

百年战争

1485年，亨利七世即位，1536年，英格兰与威尔士合并，随后爆发了著名的“圈地运动”，大批自耕农因失去土地而破产，沦为流浪人。1529—1536年，英国宗教改革立新教圣公会为国教。1558年，英国女王伊丽莎白一世即位，统治英国长达45年，开启了伊丽莎白时代。1588年，英国战胜西班牙的无敌舰队，在攫取世界海洋霸权上迈出第一步。随着圈地运动的进行和海外掠夺的开展，英国完成了资本的原始积累。

击败西班牙无敌舰队

1603年，苏格兰国王詹姆士六世加冕成为英格兰的詹姆士一世，统一了英格兰与苏格兰。1640—1651年，英国内战爆发。1649年，查理一世被处决，克伦威尔宣布实行共和政体。1652—1654年，第一次英荷战争爆发，英国取胜。1665—1667年，第二次英荷战争爆发，英国战败。1672年，第三次英荷战争爆发，两国签合约恢复战前状态。1685年，牛顿发现万有引力定律。随着资本主义的不断发展，新兴的资产阶级与统治君主之间的矛盾愈发激烈，1688年爆发了著名的“光荣革命”。1689年，英国议会通过了限制王权的《权利法案》，扩大议会权力，奠定了英国君主立宪制的基础，而君主立宪制政体即起源于“光荣革命”。此后，英国议会君主制逐渐形成并发展起来，并且在1707年与苏格兰合并，形成“大不列颠王国”。

英国议会起草《权利法案》

这一时期的英国工商业蓬勃发展，使得英国在文艺复兴运动中后来居上，涌现出“三巨人”：莎士比亚、培根和哈维。艺术、人文和科学相互渗透、彼此交融，客观上也促进了工业革命的发生。

19世纪，英国的殖民地快速扩张。1801年，英国合并爱尔兰，英国的正式名称成为大不列颠及爱尔兰联合王国。鼎盛时，帝国大约有4亿—5亿人口，占当时世界人口的1/4，领土约3 367万平方千米，占到了世界陆地总面积的1/4，它成为继16世纪的西班牙王国之后被称为“日不落帝国”的国家。

19世纪70年代以后，英国逐渐丧失工业垄断地位。后起的美国、德国等逐步赶上并超过英国，导致几个国家相互间的矛盾空前激化。资本主义国家之间因为殖民地等利益冲突和经济危机接连爆发了两次世界大战，英国作为参战国取得了胜利，但是也付出了惨重的代价，尤其是第二次世界大战中的“敦刻尔克大撤退”和“不列颠空战”。战后的英国失去了对于其殖民地的控制，海外领地逐渐独立，大部分在独立后与英国

莎士比亚

组成英联邦。

敦刻尔克大撤退

1947 年，英国参与拟定并接受马歇尔计划，从美国得到大量援助，经济逐步复苏。1979 年大选后，保守党执政，撒切尔夫人成为英国历史上第一位女首相，执政期间振兴了英国经济，与阿根廷进行了马岛战争。1984 年 12 月，中英签订了《中英两国政府关于香港问题的联合声明》，确定了香港回归祖国的时间表。

5.1.2 今日速览

如今的英国，即大不列颠及北爱尔兰联合王国，是由大不列颠岛上的英格兰、威尔士和苏格兰以及爱尔兰岛东北部的北爱尔兰以及一系列附属岛屿共同组成的一个欧洲西部岛国，除本土之外，还拥有 14 个海外领地。英国目前是英联邦元首国、七国集团成员国、北大西洋公约组织创始会员国，同时也是五大联合国安全理事会常任理事国之一，是全球最富裕的国家之一。

1. 政 治

英国是一个单一制、君主立宪制的民主国家，它的政府体系直接影响了许多国家的政治体制，包括加拿大、印度、澳大利亚和牙买加等英联邦成员国。英国没有成文的宪法，但宪法惯例(constitutional conventions)具有宪法的作用，各种成文法和普通法共同组成了所谓的英国宪法。英国的国家元首是理论上的最高权力的拥有者，英国女王只拥有象征性的地位，其权力的

英国国旗

形式受到惯例与民意的约束。但是君主基本上还是可以行使3个重要的权利:被咨询的权利、提供意见的权利和警告的权利。一个君主在位的时间越长,经验与学识越丰富,他的意见就越会受到内阁和首相本人的重视,而这种君主与内阁之间的交流是在每周例行的秘密会议中进行的。事实上,在英国,拥有最高政治权力的人是内阁首相,他必须得到下议院的支持。“君临国会(Crown in Parliament)”代表了英国的国家主权。

英国的政体为君主立宪制。国王是国家元首、最高司法长官、武装部队总司令和英国圣公会的“最高领袖”,形式上有权任免首相、各部大臣、高级法官、军官、各属地的总督、外交官、主教及英国圣公会的高级神职人员等,并有召集、停止和解散议会,批准法律,宣战媾和等权力,但实权在内阁。议会是最高司法和立法机构,由国王、上院和下院组成。上院(贵族院)由王室后裔、世袭贵族、新封贵族、上诉法院法官和教会大主教及主教组成。自有议会以来,通常在伦敦的一座古老的建筑——威斯敏斯特宫(议会大厦)举行会议。每年开两次会,第一会期从3月末开始,到8月初结束;第二会期从10月底开始,到12月圣诞节前结束。

政府对议会负责,回答议会的质询。政府提出的任何议案如果未获议会通过,将可能面临议会的不信任动议,而这项不信任投票一旦通过,则将迫使首相或宣布辞职,或解散议会重新举行大选。实践中,各政党指任一名“党鞭”,以保证所有该党的议员根据党的政策投票。这确保了一个在下议院中有较大比例优势的政党能够组成一个稳定的政府。但是一个只在下议院拥有微弱多数的政党组成政府,或是一个多党组成的联合政府,就会比较脆弱。

2. 经　济

英国作为一个重要的贸易实体、经济强国以及金融中心,是世界第五大经济体,也是全球最富裕、经济最发达和生活水准最高的国家之一。在过去的30年间,政府大量减少国有资产,并减缓了社会福利计划的发展。英国的农业高度集中、高度机械化,并且效益十分高,其1%的劳动人口能够满足大约60%的食品需要。英国拥有大量的煤、天然气和石油储备,英国的主要能源生产大约占总 GDP 的 10%，在工业国家中占比非常高。其服务业，特别是银行业、金融业、航运业、保险业以及商业服务业占 GDP 的比重最大，而且处于世界领导地位，首都伦敦更是世界数一数二的金融、航运和服务中心。尽管英国仍是欧洲最大的军火、石油产品、电脑、电视和手机的制造地，但其工业的重要性仍不断下降。

3. 文 化

英国首都伦敦是世界金融中心，也是英国的政治、经济、文化、金融中心，控制着全世界 45%的外汇交易和黄金、白银、原油等大宗商品的定价权，伦敦平均每日的外汇交易额高达 2.7 万亿美元，为世界第一，居民财富总额位居世界第二。除此之外，伦敦也是全世界博物馆、图书馆和体育馆数量最多的城市。

伦敦夜景

英国第二大城市伯明翰地处英格兰中部，拥有欧洲最年轻的人口以及世界级公司、研发中心、世界知名大学和创新企业家，是一个拥有超过 1 900 个国际公司的充满活力的繁荣商业地区。伯明翰是世界最大的金属加工地区，有“英国底特律”之称。

伯明翰城区

英国是现代足球的发源地，重大足球赛事有英格兰超级联赛、苏格兰超级联赛等，有众多足球俱乐部。足球是英国人最喜欢的娱乐活动之一，已有上百年历史。

英国的科学和文化事业发达，拥有牛津和剑桥等世界著名的高等学府，也拥有牛顿、麦克斯韦等物理学巨匠，演艺方面拥有卓别林、奥黛丽·赫本等著名影星，文学方面代表人物除了莎士比亚，还有《哈利·波特》的作者罗琳，音乐方面拥有披头士、滚石等著名音乐组合。英国文化在世界上具有非常重要的影响力。

英国金融城

老特拉福德球场

牛津大学

5.2 旅游打卡

5.2.1 大英博物馆 The British Museum

大英博物馆又名不列颠博物馆，位于英国伦敦新牛津大街北面的罗素广场。该馆成立于1753年，于1759年1月15日起正式对公众开放，是世界上历史最悠久、规模最宏伟的综合性博物馆，也是世界上规模最大、最著名的四大博物馆之一。大英博物馆拥有藏品800多万件，收藏了来自世界各地的众多文物和珍品以及很多伟大科学家的手稿，藏品之丰富、种类之繁多，为全世界博物馆所罕见。由于空间限制，有99%的藏品未能公开展出。

大英博物馆

1. 文化溯源

大英博物馆的建立源于汉斯·斯隆爵士的遗愿，他是一名内科医生、博物学家和收藏家。斯隆一生共收藏71 000多件物品，他希望在自己去世后这些物品可以完好地保存，因此他将所有的收藏遗赠给了国王乔治二世，回报是给他的继承人20 000英镑。博物馆建立之初的藏品大部分由书籍、手抄本、关于某些文物的自然标本（包括钱币、徽章、版画和素描）以及文化研究的人种志组成，后来多次扩建，达到了今天的规模。

大英博物馆中收藏着很多在海外殖民和掠夺过程中从世界各地搜刮来的珍贵文物，以及从世界各地购买到的藏品，种类丰富、数量巨大，其中就包含当年英法联军从圆明园中掠走的

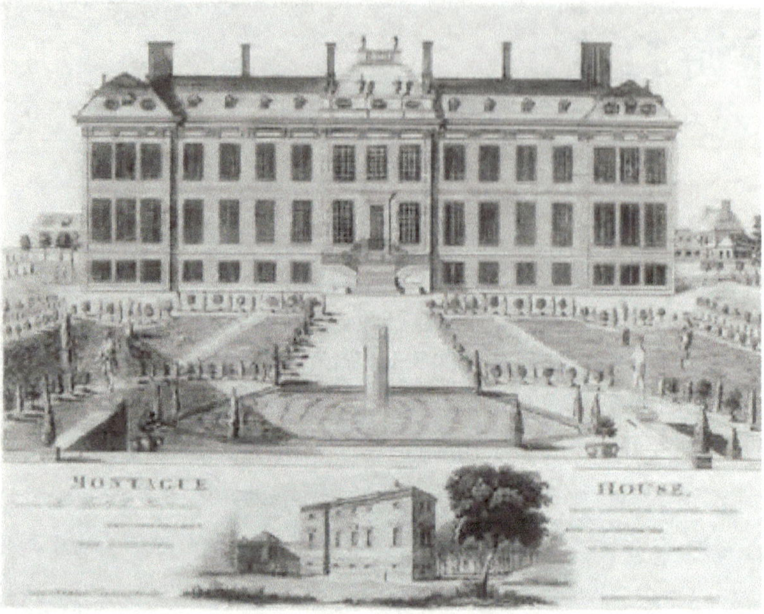

历史上的大英博物馆

大量珍宝，这些珍宝收藏在亚洲馆中。《女史箴图》是当今存世最早的中国绢画，仅存两幅摹本，其中一本为清宫所藏，是乾隆皇帝的案头爱物，藏在圆明园中。1860 年，英法联军入侵北京，英军大尉基勇从中国获得此画并携往国外。1903 年，该画被大英博物馆以 25 英镑的价格收藏，成为该馆最重要的东方文物。其他精品还有“北宗”之祖、唐代画家李思训的《青绿山水图》，五代江南画派代表人物巨然的《茂林迭嶂图》等。此外，还有商代青铜双羊尊，西周康侯青铜簋、邢侯簋、汉代玉雕驭龙，唐代黄玉坐犬、《永乐大典》10 册等，这些都是极具价值的文化珍宝。

《女史箴图》

《青绿山水图》

双羊尊

其他著名的藏品还有罗塞塔石碑、埃尔金大理石雕塑和波特兰花瓶等。罗塞塔石碑高1.14米，宽0.73米，制作于公元前196年，刻有用希腊文字、古埃及文字和当时的通俗体文字撰写的古埃及国王托勒密五世登基的诏书，该石碑是研究古埃及历史的重要文物，为解开失落已久的古埃及语言提供了钥匙；埃尔金大理石雕塑是古希腊帕特农神庙的部分雕刻和建筑残件；波特兰花瓶是现存最精美的古罗马宝石玻璃制品。这些藏品都称得上是大英博物馆的镇馆之宝。

罗塞塔石碑和波特兰花瓶

2. 开放时间

周一—周四，周六—周日：10:00—17:30。

周五：10:00—20:30。

埃尔金大理石雕塑

3. 门票价格

免费。

4. 交通方式

地铁：至 Tottenham Court Road 站或 Holborn 站，出站后按照路标指引即可到达。

5.2.2 约克大教堂 York Minster

约克大教堂是欧洲现存最大的中世纪时期的教堂，始建于 627 年，当时是一座全木结构的建筑，后来在内战中被战火摧毁。1066 年，诺曼人攻占了约克，1080 年建造了第一座诺曼式的教堂，至今仍可以看到这个教堂的基石和地下室。1220 年，教堂重新兴建，并于 1470 年完工。1984 年，约克大教堂部分建筑遭大火焚毁，破坏严重，现已修复。

约克大教堂

1. 文化溯源

教堂东面一整片的彩色玻璃，面积相当于一个网球场的大小，是全世界最大的中世纪彩色玻璃窗，东面的彩色玻璃窗在1405—1408年间设计完成，由100多个图景组合而成，充分展露中世纪时玻璃染色、切割、组合的绝妙工艺，而以大面积玻璃支持东面墙壁的建筑功力也令人叹为观止。

彩色玻璃窗

教堂北面的"五姊妹窗(The Five Sisters Window)"是约克大教堂历史最悠久的玻璃窗，早在1260年就以灰、绿两色的几何拼装法设计，也是英国最大的灰色调单色玻璃。

五姊妹窗

前厅、唱诗席和小礼堂则是偏重装饰的巴洛克式，中央大厅呈中轴对称，该大厅还是《哈利·波特》中霍格沃茨大厅的拍摄地。

教堂大厅

2. 开放时间

周一—周六：9:00—16:00（教堂），10:00—16:15（地下室）。

周日：12:45—15:00（教堂），13:00—15:00（地下室）。

3. 门票价格

约克大教堂：成人 10 英镑，老人及学生 9 英镑；家庭票 1（1 位家长带领 4 位以上儿童）10 英镑；家庭票 2（2 位家长带领 4 位以上儿童）20 英镑。

联票（包括大教堂及中央塔）：成人 15 英镑，老人及学生 14 英镑，儿童 5 英镑（8～16 岁）。

4. 交通方式

火车：至约克火车站，步行约 10 分钟即可抵达。

5.2.3 威斯敏斯特教堂 Westminster Cathedral

威斯敏斯特教堂又名西敏寺，坐落在伦敦泰晤士河北岸，原是一座天主教本笃会隐修院，始建于 960 年，1045 年进行了扩建，于 1065 年建成，1220—1517 年进行了重建。在 1540 年英王创建圣公会之前，威斯敏斯特教堂一直是天主教本笃会教堂，之后成为圣公会教堂。除了爱德华五世和爱德华八世，包括伊丽莎白女王在内的英国历朝历代君王，都是在威斯敏斯特教堂加冕登基坐上王位，即便百年之后，他们也都长眠寺内。

威斯敏斯特教堂

1. 文化溯源

除了王室成员，英国许多领域的伟大人物也埋葬在此，英国人因此把威斯敏斯特教堂称为“荣誉的宝塔尖”。教堂中央往南的甬道上，就是著名的“诗人角”，这里长眠着许多著名的诗人和小说家，如英国14世纪的“诗圣”乔叟就安葬于此。陵墓周围还有一扇专门的“纪念窗”，上面描绘着乔叟的名作《坎特伯雷故事集》里的情景。“诗人角”中央，并排埋葬着德国著名的作曲家亨德尔和19世纪最杰出的现实主义作家狄更斯。

乔叟、亨德尔和狄更斯

在教堂北廊，伫立着许多音乐家和科学家的纪念碑，其中最著名的是牛顿，他的墓地位于威斯敏斯特教堂正面大厅的中央，墓地上方耸立着一尊牛顿的雕像，旁边还有一个巨大的地球造型以纪念他在科学上的功绩。此外，进化文化的奠基人、生物学家达尔文，天王星的发现者、天文学家赫歇尔等许多科学家都葬于此地。

乔叟墓

牛顿(左)和达尔文(右)墓

在威斯敏斯特教堂内还安置着英国著名的政治家丘吉尔、张伯伦等许多知名人士的遗骸。两次世界大战中阵亡的英国官兵的花名册也保存在教堂内。

2. 开放时间

周一—周五:9:30—15:30;周六:9:00—15:00;周日不对外开放,只开放礼拜,不接待游

丘吉尔墓

客。(仅供参考,每日开闭馆时间可能有所不同,具体以官网公示时间为准)

3. 交通方式

公交:乘 11、24、148、507、211 路至 Victoria Street 站。

地铁:乘维多利亚线至 St James's Park 站。

5.2.4 自然历史博物馆 Natural History Museum

英国自然历史博物馆位于伦敦市中心西南部、海德公园旁边的南肯辛顿区。博物馆总建筑面积为 4 万多平方米,馆内大约藏有来自世界各地的 7 000 万件标本,其中昆虫标本有 2 800 万件;图书馆有书刊 50 万种,并保存着大量早期的自然研究手稿和图画等珍品。英国自然历史博物馆是欧洲最大的自然历史博物馆,原为 1753 年创建的不列颠博物馆的一部分,1881 年由总馆分出,1963 年正式独立。

1. 文化溯源

该博物馆的中央大厅为现代生命科学陈列厅,这里用立体景观、展柜介绍了进化论和人类学知识。1 层右侧各陈列厅展示古生物化石标本,有鱼龙、蛇颈龙、5 米高的霸王龙、体态极小的新颌龙、尾翼达 17 米的翼龙以及完整的始祖鸟骨骼等;左侧各陈列厅展出现代动物,包括海洋无脊椎动物、鱼类、鸟类及爬行动物。2 层左侧展出哺乳动物,右侧陈列矿物、岩石、宝石、大理石,并有专室陈列陨石。3 层陈列现代植物和化石植物。

自然历史博物馆

梁龙骨架

蓝鲸骨骼

哺乳动物展品

传说有诅咒的德里紫蓝宝石

2. 开放时间

10:00—17:50;停止入场时间:17:30。

3. 门票价格

免费。

4. 交通方式

地铁:至 South Kensington 站。

5.2.5 威廉·莎士比亚故居 Shakespeare's Birthplace

斯特拉特福镇是英国伟大的戏剧家威廉·莎士比亚的诞生地和逝世的地方。莎士比亚的故居在小镇的亨利街北侧,是一座带阁楼的二层楼房。木结构的房屋框架、斜坡瓦顶、泥土原色的外墙、凸出墙外的窗户和门廊使这座16世纪的老房在周围的建筑群中十分显眼。莎士比亚故居里的家具和其他物件成为莎士比亚出生地管委会下属博物馆收藏品的一部分。

威廉·莎士比亚故居

1. 文化溯源

除了莎士比亚的故居,小镇上还有许多与莎士比亚及其家人相关的景点,包括莎士比亚夫人的小屋"安妮·哈瑟薇小屋"和他母亲玛丽·亚登的家。

此外,小镇上还有莎翁经典作品中的人物雕像,包括《哈姆雷特》中的主人公哈姆雷特、《亨利四世》中的福斯塔夫、《麦克白》中的麦克白夫人等。

莎士比亚故居内景

安妮·哈瑟薇小屋

玛丽·亚登故居

《皆大欢喜》中的小丑试金石和哈姆雷特

2. 开放时间

10:00—17:00。

3. 门票价格

成人:26 英镑;儿童:13 英镑。

4. 交通方式

自驾或租车前往斯特拉特福镇。

5.2.6　伦敦塔桥 Tower Bridge

伦敦塔桥是一座上开悬索桥,位于英国伦敦,横跨泰晤士河,因在伦敦塔附近而得名,是从泰晤士河口算起的第一座桥,也是伦敦的象征。该桥始建于 1886 年,1894 年 6 月 30 日对公众开放,将伦敦南北区连接成整体。伦敦塔桥的上层为宽阔的悬空人行道,行人从桥上通过,可以饱览包含圣保罗大教堂、碎片大厦等地标性建筑的泰晤士河两岸的美丽风光。桥的下层可供车辆通行。当泰晤士河上有万吨船只通过时,就可以看到著名的塔桥开启景象。

伦敦塔桥

1. 开放时间

9:30—18:00;停止入场时间:17:00。

2. 门票价格

成人票:13.4 英镑。
儿童票:6.7 英镑。

3. 交通方式

地铁：乘 Jubilee Line/Northern Line 到 London Bridge 站，乘 Circle Line/District Line 到 Tower Hill 站，步行即可到达。

5.2.7 伦敦眼 London Eye

伦敦眼，全称可口可乐伦敦眼，坐落在英国伦敦泰晤士河畔，是世界上首座且截至 2005 年最大的观景摩天轮，为伦敦的地标及著名旅游观光点之一。伦敦眼于 1999 年年底开幕，因此又称“千禧之轮”，其总高度为 135 米(443 英尺)。伦敦眼共有 32 个乘坐舱，因舱内外用钢化玻璃打造，所以设有空调系统。每个乘坐舱可载客约 25 名，回转速度约为每秒 0.26 米，即转一圈需要 30 分钟。白天，乘客可以乘坐“伦敦眼”升上半空，鸟瞰伦敦，夜间的伦敦眼则幻化成一个巨大的蓝色光环，大大增添了泰晤士河的梦幻气质。

伦敦眼

1. 开放时间

10:00—20:30。

2. 门票价格

不同项目、不同时段票价不等，具体参考官方网站。

3. 交通方式

地铁:Bakerloo Line/Jubilee Line/Northern Line/Waterloo & City Line 至 Waterloo 站,步行即可到达。

5.2.8 福尔摩斯博物馆 Sherlock Holmes Museum

福尔摩斯博物馆是位于英国伦敦贝克街221B号的一所博物馆,成立于1990年。馆内的布置摆设都以小说中提及的情节为佐,更增添福尔摩斯旧居的真实性。这所房子最初建于1815年,小说中的福尔摩斯正是于1881—1902年间居住于此。博物馆的结构与小说中描述的完全相同,加上精心的布置,使来此参观的人如同置身于小说的场景之中。博物馆前方是福尔摩斯和华生共用的书房,后端则是福尔摩斯的卧室,书房中陈列着许多福尔摩斯的道具,如猎鹿帽、放大镜、烟斗、煤气灯等。

福尔摩斯博物馆

1. 开放时间

9:30—18:00。

2. 门票价格

成人票19英镑;6~16岁儿童10英镑;6岁以下儿童免费。

3. 交通方式

地铁:至 Baker Street 站。

福尔摩斯博物馆内部

5.2.9 牛津大学 University of Oxford

牛津大学，简称“牛津”，位于英国牛津，是世界顶尖的公立研究型大学，被誉为“金三角名校”和“G5 超级精英大学”，是英语世界中最古老的大学，也是世界上现存第二古老的高等教育

牛津大学

机构。牛津大学的具体建校时间已不可考，但有档案明确记载的最早的授课时间为 1096 年，之后在 1167 年因得到英国皇室的大力支持而快速发展。该校涌现了一批引领时代的科学巨匠，培养了大量开创纪元的艺术大师、国家元首，其中包括 28 位英国首相及数十位世界各国元首、政商界领袖。牛津大学在数学、物理、医学、法学、商学等多个领域拥有崇高的学术地位及广泛的影响力，被公认为是当今世界最顶尖的高等教育机构之一。

1. 开放时间

全年全天。

2. 交通方式

乘坐 National Express 长途汽车至 Gloucester Green Bus Station 即可抵达。

5.2.10　剑桥大学 University of Cambridge

剑桥大学是全世界最顶尖的大学之一，有近 800 年的历史，共设 31 个学院，位于英格兰的剑桥镇，科学和工业是剑桥最引以为傲的学术专业。英国许多著名的科学家、文学家、政治家都来自于这所大学。剑桥大学也是诞生最多诺贝尔奖得主的高等学府，89 名诺贝尔奖获得者曾经在此执教或学习（90 人次，其中弗雷德里克・桑格获得两次），大多数都是剑桥大学的学生。剑桥大学还是英国的名校联盟"罗素大学集团（Russell Group of Universities）"和欧洲的大学联盟科英布拉集团的成员之一，在世界各报刊以及研究机构的排行榜中，剑桥大学经常位居世界第一。

剑桥大学

1. 开放时间

全年全天。

2. 交通方式

乘坐 National Express 长途汽车或 National Rail Enquiries 火车至 Drummer Street，步行即可抵达。

5.2.11 巨石阵 Stonehenge

在英国伦敦西南 100 多千米的巨石阵，又称索尔兹伯里石环、环状列石、太阳神庙、史前石桌、斯通亨治石栏、斯托肯立石圈等，是欧洲著名的史前时代文化神庙遗址，位于英格兰威尔特郡索尔兹伯里平原，约建于公元前 4000—公元前 2000 年，一些巍峨巨石呈环形屹立在绿色的旷野间，这就是英伦三岛最著名、最神秘的史前遗迹——巨石阵。

巨石阵

1. 开放时间

9:30—17:00；停止入场时间：15:00。

2. 门票价格

成人票：28 英镑。

儿童票：16.5 英镑。

家庭票(2 大人+2 小孩):42.9 英镑。
英格兰遗产会员:免费。

3. 交通方式

自驾车前往 Near Amesbury, Wiltshire SP4 7DE。

5.2.12 哈洛德百货 Harrods

哈洛德百货是世界最负盛名的百货公司,贩售奢华的商品,位于伦敦的骑士桥(Knightsbridge)上,在西敏和肯辛顿之间。其创立者查尔斯·亨利·哈洛德对茶相当有兴趣,于 1849 年买下骑士桥附近的一个小商店,也就是现今百货所在的位置。开始经营时,店铺只有一个房间,只雇用两名助理和一名传信者。哈洛德百货现有的 330 个部门,提供了多元化的产品和服务,产品包括服饰、电器、珠宝、运动器材、结婚礼服、宠物和周边产品、玩具、饮食、健康美容产品、礼品、文具、家居用品、家电、家具等,旺季时,超过 30 万名顾客会光顾此百货公司。

哈洛德百货

1. 开放时间

周一—周六:10:00—20:00。
周日:11:30—18:00。

2. 交通方式

地铁:至 Knightsbridge 地铁站,步行即可到达。

5.3 实用信息

5.3.1 使领馆信息

中华人民共和国驻大不列颠及北爱尔兰联合王国大使馆:
地址:12 Old Jewry, London, EC2R 8DU。
电话:020－77767888。
传真:020－77106001。
办公时间:周一——周五(周六、周日及中英节假日休息)。

中华人民共和国驻贝尔法斯特总领事馆:75—77 Malone Road, Belfast, Northern Ireland,0044－(0)28－90682499。

中华人民共和国驻曼彻斯特总领事馆:Denison House, 71 Denison Road, Rusholme, Manchester M14 5RX, UK,0086－10－12308。

中华人民共和国驻爱丁堡总领事馆:55 Corstorphine Road. Edinburgh EH12 5QG,0131－3373220。

5.3.2 日常用语

east 东边
west 西边
south 南边
north 北边
left 左
right 右
morning 早上,上午
noon 中午
afternoon 下午

Hello! 你好!
Good morning! /Good afternoon! /Good evening! 上午好! /下午好! /晚上好!
My name is/I am... 我叫/我是......。
Goodbye/See you tomorrow. 回见/明天见。
Where are you from? 您来自哪儿?
I am from China. 我来自中国。

Please speak slowly. 请您慢点说。

Sorry, I don't understand. 对不起,我没听懂。

What is the date? 今天几号?

What time is it? 现在几点。

I'd like a hamburger and a fried chicken leg. 我吃一个汉堡,一个炸鸡腿。

Thank you very much for your help! 非常感谢你的帮助!

Where is the post office? 邮局在哪里?

Excuse me, how can I get to the bus station? 对不起,汽车站怎么走?

May I have a look at this watch? 我可以看看这块表吗?

I'll buy it. 我买了。

Please show me your passport, customs declaration form and health declaration form. 请您出示护照、报关单和健康申报单。

第 6 章　奥地利

6.1　认识奥地利

6.1.1　文史徜徉

古代奥地利地区人类活动的遗迹可追溯到旧石器时代晚期，最著名的代表就是名为“维伦多尔夫的维纳斯”的雕像，大约制作于公元前 25000 年，是世界上最古老的根据人体做成的雕塑之一。进入新石器时代后，线陶文化的居民曾在此地生活。约公元前 750—公元前 450 年，此地已属早期铁器时代，伊利里亚人在这里创造出有较高水平的哈尔施塔特文化。这片土地先后被伊利里亚人、凯尔特人和罗马人占领。

维伦多夫的维纳斯

公元前 400 年，凯尔特人自南北两面涌入，奥地利被迅速凯尔特化。公元前 2 世纪，凯尔特人建立起包括东阿尔卑斯山广泛地区的诺里孔王国，开始了同意大利和巴尔干诸国的经济联系，氏族社会开始解体，阶级关系逐渐形成。公元前 2 世纪初，罗马帝国向多瑙河地区扩张，继和平渗透之后，于公元前 15 年武装侵占，在凯尔特王国的基础上设置罗马帝国的诺里库姆行省，奥地利东部则归入罗马的潘诺尼亚省。此后，经济、文化得到迅速发展，在罗马兵营和移民聚居点的基础上，形成了维也纳、林茨、萨尔茨堡等城市。300 年，基督教开始传播。

376 年，西哥特人入侵，这一地区成为民族大迁徙的角逐场，日耳曼人、匈奴人、阿瓦尔人和马扎尔人交迭统治。8 世纪末，法兰克王国的查理大帝击败阿瓦尔人，建立起边疆伯爵领地，鼓励拓殖，并引进了基督教。976 年，巴本堡家族的利奥波德一世被封为边疆伯爵。996 年，奥地利（Österreich）首次以“Ostarrichi”的名称作为巴伐利亚公国的一个边缘领地出现；1156 年升为公国，迁都维也纳，巴本堡家族发展到了顶点。巴本堡家族对公国的统治长达 270 年（976—1246 年），先后有 12 个统治者。近 3 个世纪里，公国的生产力得到发展。利奥波德五世在位时，文化繁荣，教堂成为神学和一般文化的中心。这一时期被称为中世纪的“黄金时代”。

1278 年，哈布斯堡家族的鲁道夫伯爵占领奥地利，从此开始哈布斯堡家族的统治，之后奥地利成为神圣罗马帝国的一个城邦国。1438 年起，直到 1806 年（除 1742—1745 年外），奥地利哈布斯堡统治者始终保持德意志皇帝和神圣罗马帝国皇帝称号。

哈布斯堡家族标志

哈布斯堡王朝统治下的奥地利成为欧洲大陆的强国，在14—15世纪积极扩张领土。查理五世(1519—1556年)在位时，奥地利领土扩张达到顶点，被称为“日不落帝国”。1526年，奥地利取得了波希米亚和奥斯曼帝国未占领的匈牙利，并且在1683年的维也纳之战中击败了奥斯曼土耳其帝国，成为中欧的霸主，随后进行的一连串军事行动，导致1699年《卡尔洛夫奇条约》的签订，奥地利获取匈牙利全境。从此至1806年神圣罗马帝国覆亡之前，哈布斯堡家族便等同神圣罗马帝国。

击败奥斯曼帝国的维也纳之战

随着普鲁士的崛起，奥地利与普鲁士展开了长期的对抗，两次参与瓜分波兰的军事行动。1804年，弗朗茨二世宣布自己为奥地利皇帝。1806年，神圣罗马帝国解体，弗朗茨二世正式放弃神圣罗马帝国皇帝称号，奥地利被称为奥地利帝国。1848年，维也纳爆发武装起义，梅特涅体制被推翻，奥地利产生了第一部宪法。1866 年，奥地利在与普鲁士的普奥战争中失败，丧失了统一德意志的机会，并在次年对帝国内强大的匈牙利贵族做出妥协，宣布将奥地利帝国更改为共主邦联——奥匈帝国，奥匈帝国时期经济、文化有所发展，但民族矛盾日益激化。

奥匈帝国国旗

1908 年，奥匈帝国吞并了波黑，1914 年，奥皇储弗朗茨·斐迪南大公在萨拉热窝遇刺，导致第一次世界大战爆发。1918 年，同盟国战败，帝国瓦解，同年 11 月 12 日，举行临时国民大会，宣布成立共和国。次日，查理皇帝被废黜，封建帝制从此结束。现代第一次世界大战后，匈牙利、捷克、南斯拉夫、罗马尼亚和波兰各自脱离奥匈帝国而独立，以德意志人为主的奥地利共和国，即第一共和国成立后，由社会民主党和基督教社会党联合执政，社会民主党领袖 K·伦纳出任总理，国内经济凋敝，社会动乱。1938 年，纳粹德国实现了德奥合并，奥地利直到第二次世界大战结束前的 7 年都受其统治。

萨拉热窝事件

奥地利人可以说是个没有历史的民族，奥地利历史则是一段没有民族的历史。一直到 1945 年以后，奥地利人才真正尝试构建一种同德国人分离的民族身份。1945 年，纳粹德国战败后，奥地利被同盟国和苏军分别占领，直到 1955 年奥地利国家条约签订。1955 年 10 月 26

日，国民议会通过联邦宪法，宣布奥地利永久中立，奥地利最终获得独立并成为今天的奥地利第二共和国，该日被定为国庆日。

签署奥地利国家条约

第二共和国成立后，政局稳定。1945—1952 年，在联合国救济总署和马歇尔计划的援助下，奥地利经济得到复兴。外交上，奥地利积极参与欧洲和国际事务，致力于缓和与谅解。20 世纪 50 年代中期以后，奥地利先后参加联合国、欧洲理事会和欧洲自由贸易联盟。1971 年 5 月，奥地利同中国建交，两国进行友好合作和文化交流。

6.1.2 今日速览

如今的奥地利全称为奥地利共和国，官方语言是德语，是一个位于欧洲中部的内陆国家，是议会制共和制国家。奥地利是一个高度发达的资本主义国家，也是 OECD 的创始国之一，1995 年加入欧盟，同年签订《申根公约》，1999 年开始使用欧元。奥地利的人类发展指数在 2016 年排在世界第 19 位。奥地利被称为“至福岛”，它是欧盟中人均国民生产总值最高的国家之一。奥地利地处欧洲中心，是欧洲重要的交通枢纽，其经济发展较快，经济增长速度高于欧盟平均水平。

1. 政　治

奥地利现任总统是亚历山大·范德贝伦，现任总理是卡尔·内哈默。其现行政体是联邦制和议会民主制下的总理负责制。其议会由国民议会和联邦议会组成，国民议会制定法律，主持新政府的就职仪式，可通过不信任表决罢免联邦政府及其成员，联邦议会代表各州的利益，有权将国民议会通过的法律提案驳回，但如果国民议会坚持原案，联邦议会不得再提异议。全国有三个法院系统，分别是宪法法院、行政法院和普通法院。

2. 经　济

奥地利的工业特点是国有化程度高，国有企业控制了 95%的基础工业和 85%以上的动力工业。奥地利的主要工业部门有钢铁、机械制造、化工、采矿、电子和汽车制造等。机械工业包括金属加工、机械和设备制造等，是奥地利最大的产业，产值约占奥地利工业产值的1/4。化工业是奥地利重要的产业部门之一，根据奥地利国家投资促进局(ABA)介绍，化工业产值约占工业总产值的1/10。其农业发达，机械化程度高；旅游业发达，服务业在奥地利经济中也占有重要位置。

对外贸易在奥地利经济中占重要地位。主要出口产品是机械、钢铁、造纸、交通工具、木材加工和家具、工业半制成品和制成品，主要进口能源、燃料、机械、汽车以及初加工产品和工业制成品。

与其他发达经济体相比，奥地利工业占比相对较高，服务业占比较为适中，这种经济结构被认为具有较强的抵御危机的能力。在金融危机和经济衰退过程中，奥地利经济表现了较强的抗风险能力，在经济复苏过程中，其表现也强于其他大部分欧盟成员国。

3. 文　化

奥地利国旗呈长方形，从上到下由红、白、红三个平行相等的横长方形相连而成，旗面正中是奥地利国徽图案。此旗的来历可追溯到奥地利大公国时期，据说，当巴本堡公爵与英王查理一世激战时，公爵的白色军衣几乎全被鲜血染红，只有佩剑处留下一道白痕，从此，公爵的军队采用红、白、红为战旗颜色。1786年，约瑟夫二世把红白红旗作为全军战旗，1919年正式定为奥地利国旗。奥地利政府机构、部长、总统等官方代表和政府驻外机构均使用带国徽的国旗，一般场合不用带国徽的国旗。

奥地利国旗(民用旗)

奥地利国徽

奥地利首都维也纳位于多瑙河畔，也是奥地利最大的城市，全国9个联邦州之一，是欧洲古典音乐的摇篮，也是欧洲主要的文化中心，被誉为“世界音乐之都”。维也纳是联合国的四个官方驻地之一，也是石油输出国组织、欧洲安全与合作组织和国际原子能机构的总部以及其他国际机构的所在地。维也纳已连续多年被联合国人民署评为全球最宜居的城市之一。

格拉茨是奥地利第二大城市，是东南部工业、交通、文化中心。奥地利北部城市林茨是多瑙河上游的最大河港，也是全国主要工业中心之一。位于奥地利西部的萨尔茨堡，是阿尔卑斯山脉的门庭，也是著名音乐家莫扎特和卡拉扬的故乡，还是著名电影《音乐之声》的拍摄地。

电影《音乐之声》

奥地利历史上产生了众多名扬世界的音乐家，包括海顿、莫扎特、舒伯特、约翰·施特劳斯，还有出生于德国，但长期在奥地利生活的贝多芬等。这些音乐大师在两个多世纪中，为奥地利留下了极其丰厚的文化遗产，形成了独特的民族文化传统。奥地利萨尔斯堡音乐节是世界上历史最悠久、水平最高、规模最大的古典音乐节之一。一年一度的维也纳新年音乐会可谓世界上听众最多的音乐会。建于1869年的皇家歌剧院（现名维也纳国家歌剧院）是世界上最有名的歌剧院之一，而维也纳爱乐乐团则是举世公认的世界上首屈一指的交响乐团。

维也纳新年音乐会

6.2 旅游打卡

6.2.1 金色大厅 Goldener Saal Wiener Musikvereins

金色大厅是全世界最有影响力的音乐厅之一，始建于1867年，于1869年竣工，是维也纳最古老、最现代化的音乐厅，与柏林爱乐厅、莱比锡布商大厦音乐厅、阿姆斯特丹大会堂以及波士顿交响乐大厅并称为世界五大音乐厅。金色大厅建筑风格金碧辉煌，音响效果华丽璀璨。这里也是维也纳爱乐乐团的常驻地，维也纳新年音乐会蜚声世界，全世界的观众都可以在电视转播中一睹金色大厅的风采。

维也纳金色大厅

1. 文化溯源

作为欧洲最负盛名的音乐之都，维也纳养育了维也纳新古典乐派的代表人物勋伯格、韦伯恩和贝尔格。出生在维也纳的还有舒伯特、老约翰·施特劳斯、小约翰·施特劳斯、兰纳和克热内克等。无数音乐家曾在维也纳学习、生活和投身音乐创作，其中包括维也纳古典乐派的三位杰出代表：海顿、莫扎特和贝多芬，此外，还有李斯特、莱哈尔、布鲁克纳、马勒、格鲁克、勃拉姆斯和维瓦尔第等。

"歌曲之王"舒伯特

每年的1月1日上午，维也纳新年音乐会都在全球瞩目下举行，演出的曲目是被称为"圆舞曲之王"的小约翰·施特劳斯及其家族的音乐作品，由世界历史最悠久、素质最高超的乐团——维也纳爱乐乐团演奏。新年音乐会展示的

“圆舞曲之父”老约翰·施特劳斯和“圆舞曲之王”小约翰·施特劳斯

“交响乐之父”海顿和“钢琴之王”李斯特

是人类最文明、最欢快、最明亮的一面，而高雅、轻松、豪华、热烈是维也纳新年音乐会的最大特点。

2. 开放时间

周一—周五：9:00—20:00；周六：9:00—13:00。

3. 门票价格

价格在40～200欧元不等，也会有特价票。

4. 交通方式

地铁：U1、U2、U4号线至Karlsplatz站。
有轨电车：1、2、D、62路至Kärntner Ring站。

新年音乐会

6.2.2 美泉宫 Schloss Schönbrunn

美泉宫得名于一眼泉水,与霍夫堡宫并称为哈布斯堡王朝奥匈帝国皇室的冬宫、夏宫。有一次,马蒂亚斯皇帝狩猎至此,饮一泉水,心神清爽,便称此泉为美丽泉。1743 年,玛丽娅·特蕾西亚女王下令在此建宫,这里便出现了气势磅礴的宫殿和巴洛克式花园。美泉宫面积为 2.6 万平方米,仅次于法国凡尔赛宫,是欧洲第二大宫殿。宫内有 1 400 个房间,但其中最惹人注目的是后来成为法国国王路易十六皇后的玛丽少女时代的画像。

美泉宫

1. 文化溯源

美泉宫宫内有1 400个房间，有44间是洛可可式，优雅别致，但大多数是巴洛克式。宫中还有东方古典式建筑，如嵌镶紫檀、黑檀、象牙的中国式房间和用泥金和涂漆装饰的日本式房间。这些房间内部的装饰品也与东方风格统一协调，四壁和天花板上镶嵌着陶瓷器。在琳琅满目的陶瓷器摆设中，有中国青瓷、明朝万历彩瓷大盘和措花花瓶等。

中国厅中的中国艺术品

蓝色中国沙龙

2. 开放时间

4月1日—6月30日,9月1日—10月31日:8:00—17:30。
7月1日—8月31日:8:00—18:30。
11月1日—次年3月31日:8:00—17:00。

3. 门票价格

成人:20欧元;儿童(6~15岁):10欧元。

4. 交通方式

地铁:U4号线至Schönbrunn站。
有轨电车:10、58路至Schönbrunn站。
公交:10A路至Schönbrunn站。

6.2.3 莫扎特故居 Mozarts Geburtshaus

1756年1月27日,莫扎特诞生在萨尔茨堡盖特莱德街9号的一座米黄色六层楼房里。如今,在三、四层楼之间的外墙上镶着很大的白色艺术字:"莫扎特出生处"。楼上还挂着一面长长的奥地利国旗,从六楼一直垂到二楼。在拱形大门旁刻有"莫扎特博物馆"几个字,顶端有莫扎特头像浮雕。从1917年起,这座公寓楼房就作为莫扎特纪念馆对外开放。馆内陈列着莫扎特生前使用过的小提琴、木琴和钢琴,亲笔写的乐谱、书信以及亲自设计的舞台剧蓝图等。

莫扎特故居

1. 文化溯源

莫扎特是一位音乐神童，故居里保存着他6岁时创作的乐谱。7岁时他便以处女作《奏鸣曲》一鸣惊人，14岁时他就被任命为宫廷乐师。1781年，莫扎特向宫廷提出辞呈后迁居维也纳，并完成了他成熟的器乐作品和歌剧作品。莫扎特一生都在贫困中挣扎，1791年，35岁的莫扎特在贫病交迫中逝世，死后连一块像样的墓地也买不起，但他给人类留下了大量不朽的音乐名作，如歌剧《魔笛》《唐·璜》《后宫的诱逃》以及《费加罗的婚礼》等。在故居里还保存着莫扎特的一缕金色遗发，供人们前来凭吊。

莫扎特和故居中的钢琴、风琴

2. 开放时间

7—8月：9:00—20:00；其余时间：9:00—17:30。

3. 门票价格

成人：11欧元；儿童：4欧元。

4. 交通方式

公交：搭乘3路、5路、8路、25路至Rathaus站下车，进入老城区右转向前几米即可到达。

6.2.4 霍亨萨尔茨堡 Festung Hohensalzburg

霍亨萨尔茨堡又被称为萨尔茨堡要塞，是萨尔茨堡城内的标志性建筑，位于老城区山上，历史悠久，是中欧地区规模最大的一座古城堡。要塞始建于1077年，由历任总主教逐步扩建而成，是欧洲最大的中世纪城堡之一。旅行者来到这里，不仅可以参观博物馆，了解古老的兵器、乐器、民俗民风，还可以在城堡一角的咖啡厅点上一杯饮品，欣赏山下以及远山如画的风景。

霍亨萨尔茨堡

1. 文化溯源

萨尔茨堡要塞长250米，宽150米，有“从未被攻破的要塞”之美誉。由于位于绿色山丘上，它就像是一枚闪光的白色珍珠，时刻在发光。要塞外部斑驳的城墙可彰显其历史之悠久，里面则处处是坚墙厚壁，各个部分错落有致，几个主要建筑之间有庭院，间或能看到古式的大炮，黑色的炮口依旧庄严地监视着远方，仿佛遥远的战火仍未结束。

城堡定期会有古典乐室内音乐会，演出的曲目都是一些比较大众的古典作品。城堡向北以及向南两面城墙边的空地均是摄影爱好者们拍摄城市风景的最佳取景地。

2. 开放时间

周一—周五：9：30—17：00。

周六—周日：9：30—18：00。

3. 门票价格

成人联票：11.30欧元；城堡门票：8欧元。

6～14岁儿童联票：6.5欧元；城堡门票：4.5欧元。

6～19岁青少年团体票联票：6欧元；城堡门票：4.2欧元。

家庭票联票：26.2欧元；家庭票城堡门票：18.2欧元。

4. 交通方式

公交：3、5、6、8、25路至Mozartsteg站，步行5～10分钟即可到达。

城堡俯瞰图

城堡中的圣诞节

城堡中的展品

6.2.5 梅尔克修道院 Stift Melk

梅尔克修道院位于奥地利下奥地利州梅尔克镇的山岩上，是这座城镇乃至整个多瑙河谷最重要的景点之一。它是一座本笃会修道院，始建于 1089 年，1702—1736 年经过一次改建，增加了巴洛克风格的装饰。由于其名望和学术价值，在 1780—1790 年约瑟夫二世大量解散奥地利的修道院时，梅尔克修道院得以幸免，并且逃过了拿破仑战争的破坏。1938 年，德奥合并，学校和修道院的大部分被纳粹收归国有。如今的修道院里设有图书馆和博物馆，珍藏了许多精美的壁画和珍贵的中世纪手稿。

梅尔克修道院

修道院内的壁画

修道院展出的书稿和藏品

1. 开放时间

9:30—17:30。

2. 门票价格

成人:13欧元;家庭票:26欧元;儿童或27岁以下学生:6.5欧元。

3. 交通方式

乘坐游船到Melk码头或者自驾前往Abt Berthold Dietmayr Str. 1,Melk 3390。

6.2.6 米拉贝尔花园 Mirabell Gardens

米拉贝尔花园始建于1606年，位于萨尔茨堡的萨尔茨河北岸，与米拉贝尔宫一起由当时的大主教沃尔夫迪特里希为其情人莎乐美而建造，在迪特里希去世后由后继者更名为米拉贝尔花园与米拉贝尔宫。这个集聚了罗马雕塑、喷泉、花园、迷宫的巴洛克式花园，曾是知名电影《音乐之声》中女主角玛丽亚带着孩子们欢唱“Do－Re－Mi”的地方。

花园一角

花园中的喷泉

《音乐之声》中的米拉贝尔花园

1. 开放时间

花园关门时间随当季天黑时间改变。

大理石厅：周一、周三—周四 8:00—16:00；周二、周五 13:00—16:00。

2. 门票价格

免费。

3. 交通方式

公交：从火车站往老城方向搭乘 1 路、2 路、3 路、5 路、6 路、25 路至米拉贝尔广场站下车即可抵达。

6.2.7 巴德伊舍小镇 Bad Ischl

巴德伊舍是奥地利的一座温泉小镇，位于上奥地利州南部的萨尔茨卡默古特地区中心，特劳恩河河畔。1849 年，弗朗茨・约瑟夫选择在此建立夏宫。1853 年 8 月 19 日，弗朗茨・约瑟夫和茜茜公主在此举行订婚仪式。1854 年，皇帝的母亲苏菲将皇帝别墅送给他作为结婚礼物，别墅成为皇室的夏季居所，弗朗茨・约瑟夫称之为“地上的天堂”。

这座小镇上唯一的温泉疗养院 Eurothermen Resort 就在离火车站几步远的地方，每年都会迎接来这里享受自然疗法的八方游客。巴德伊舍的温泉水全部来自于自然，是天然的热水，浴场的室外也是令人醉心的景色。

交通方式

火车：从维也纳乘火车至巴德伊舍即可。

巴德伊舍小镇

小镇温泉

6.2.8 哈尔施塔特小镇 Hallstatt

哈尔施塔特小镇是奥地利上奥地利州萨尔茨卡默古特地区的一个村庄，位于哈尔施塔特湖湖畔，是奥地利最古老的小镇。小镇气候温暖，四季都适宜旅游。这座在险峻的斜坡和宝石般翡翠的湖泊间伫立的湖畔小镇，随处可见童话般清幽美好的住宅。历史上这一地区因盐而致富，因此，这里又被称作“世界上最美的小镇”或“世界最古老的盐都”。

美丽的哈尔施塔特雪景

哈尔施塔特湖

交通方式

自驾：需自驾前往上奥地利州萨尔茨卡默古特地区。

6.2.9 粮食街 Getreidegasse

粮食街是萨尔茨堡旧城区最热闹的购物街，街道不宽，两侧古色古香的房舍几乎都是商店，精品店、纪念品店、旅店、餐厅林立。过去为了让不识字的人也能看懂店里卖的是什么，每家店无不发挥巧思，在铁质招牌上加上各种图案。现在走在这条石板路上仰头一看，各具特色的铸铁招牌争奇斗艳，是游客最爱拍照的景观之一。

粮食街

交通方式

公交：搭乘 3 路、5 路、8 路、25 路至 Rathaus 站下车，进入老城区步行即可到达。

6.3 实用信息

6.3.1 使领馆信息

中华人民共和国驻奥地利共和国大使馆：

地址：Metternichgasse 4，1030 Wien。

电话:00431－714314948。
传真:00431－7136816。

6.3.2 日常用语

奥地利的官方语言是德语,日常用语可参见德国部分。

第7章 荷 兰

7.1 认识荷兰

7.1.1 文史徜徉

约公元前11世纪，一些日耳曼和凯尔特部族在如今的荷兰地区定居，后沦为罗马帝国的一个边疆省份——比利时高卢省，5—9世纪，成为法兰克王国的一部分，11—14世纪，荷兰分为许多独立的封建领地，其中占统治地位的是荷兰伯爵领地。中世纪，此地是神圣罗马帝国的领土。16世纪初，因为复杂的王室联姻，他们在神圣罗马帝国哈布斯堡王朝之下统一起来。1463年，正式成为国家，16世纪前长期处于封建割据状态，后来被西班牙王国统治。

1568年，因反抗西班牙国王的中央集权和对新教加尔文派的迫害，爆发了持续80年的北方省反抗西班牙的八十年战争。1579年，北方省中的七省（荷兰、比利时和卢森堡的区域）成立了乌得勒支联盟，共同反对西班牙统治。这被认为是现代荷兰的开始。

1581年7月26日，来自荷兰各起义城市的代表在海牙郑重宣布：废除西班牙国王对荷兰各省的统治权，联盟正式宣布独立，成立荷兰共和国。1588年，7个省份联合起来，宣布成立荷兰联省共和国，很多历史学家称它为“赋予商人阶层充分的政治权利的国家”。

八十年战争

荷兰联省共和国旗帜

从西班牙获得独立之后，荷兰发展成为17世纪航海和贸易强国，商船数目超过欧洲所有国家商船数目总和，被誉为“海上马车夫”。1602年，荷兰联合东印度公司成立。1648年，西班牙正式承认荷兰独立，荷兰成为继西班牙之后世界上最大的殖民国家，达到了商业繁荣的顶点，成为17世纪的海上殖民强国。一个人口仅有150万的国家，将自己的势力几乎延伸到地球的每一个角落，马克思称其为当时“海上的第一强国”。

荷兰船队

17 世纪后期，荷兰先后在战争中输给了英国和法国，在 1795 年被法国占领，殖民体系开始瓦解。荷兰于 1814 年脱离法国，翌年，与比利时、卢森堡成立荷兰王国，1848 年正式成为君主立宪制国家。荷兰在第一次世界大战期间保持中立，第二次世界大战初期宣布中立。1940 年，荷兰被德国军队侵占，其王室和政府迁至英国，成立流亡政府。第二次世界大战后荷兰恢复独立，并且放弃中立政策，加入北约和欧共体以及后来的欧盟。

荷兰王国国徽

7.1.2 今日速览

如今的荷兰使用的语言是荷兰语，位于欧洲西北，是由荷兰、阿鲁巴、库拉索和荷属圣马丁 4 个构成国组成的君主立宪制的复合国。荷兰政府的权力仅限于国防、外交、国籍和引渡，除了上述权力以外，各构成国皆有完全的自主权和自治权。荷兰是一个高度发达的资本主义国家，是欧盟和北约创始国之一，也是申根公约、联合国、世界贸易组织等国际组织的成员。

荷兰国旗

1. 政　治

荷兰是一个议会制君主立宪国，其正式国名为尼德兰王国（Kingdom of Netherlands，亦译作荷兰王国），首都为阿姆斯特丹，政府所在地为海牙。

荷兰的国家元首为奥兰治-拿骚家族成员担任的世袭君主，最高行政机关是内阁，并以总理为内阁首长统辖各部会。荷兰最高立法机关是两院制的国会，上议院有参议员 75 名，由各省推选，下议院则有 150 名议员，由人民直接选举，任期为 4 年。在荷兰，年满 18 岁的公民即具有投票权，但选举对象为政党，而非个别候选人。由于荷兰没有过任何一个政党的规模能大到单独在国会取得半席次，因此，小党联合组阁的现象相当常见，也因此使得政府政策能够长期保持一贯性，并且拥有安定的政治环境。荷兰的这种多党民主政治体制，加上以共识决策为基础的立法体系，对于投资、企业经营、创新活动都相当有利。

荷兰宪法于 1814 年 3 月 29 日颁布，于 1848 年修改。其中规定荷兰是世袭君主立宪王国，立法权属国王和议会，行政权属国王和内阁。枢密院为最高国务协商机构，主席为国王本人，其他成员由国王任命。

荷兰议院由一院和二院组成，两院议员任期均为 4 年，但改选不在同一年进行。一院（参议院）的主要职责是立法，其有权同意或拒绝批准法案，但不能提出或修改法案。二院（众议院）的主要职责是立法和监督内阁执政。立法权体现在二院可自行提出法案、批准或否决内阁提案和修改法案。监督权体现在二院具有预算核准权、独立调查权和质询权。

2. 经　济

荷兰是发达的资本主义国家，是西方十大经济体之一。荷兰的自然资源相对贫乏，但天然气储量丰富，2001 年开采天然气约 743 亿立方米。荷兰 80％的原料靠进口，60％以上的产品供出口，其对外贸易的 80％在欧盟内实现，商品与服务的出口约占国民生产总值的 55％。荷兰的电子、化工、水利、造船以及食品加工等领域技术先进，其金融服务和保险业发达；其陆、海、空交通运输十分便利，是欧洲大陆重要的交通枢纽；其农业高度集约化，农产品出口额居世界前列。

荷兰人利用不适于耕种的土地因地制宜地发展畜牧业，现已达人均一头牛、一头猪的水平，跻身世界畜牧业最发达国家的行列，其畜牧业仅次于丹麦。他们在沙质地上种植马铃薯，并发展薯类加工，世界种薯贸易量的一半以上从荷兰输出。花卉是荷兰的支柱性产业，荷兰共有1.1亿平方米的温室用于种植鲜花和蔬菜，有“欧洲花园”的称号。荷兰把美丽送到世界各个角落，花卉出口占国际花卉市场的40%～50%。荷兰还是世界上奶酪产量最大的国家，世界上成立最早的豪达奶酪交易中心久负盛名，其运营时间已有300多年。

荷兰工业发达，占国内生产总值的17.9%，主要工业部门有食品加工、石油化工、冶金、机械制造、电子、钢铁、造船、印刷、钻石加工等。荷兰也是世界主要造船国家之一。鹿特丹是欧洲最大的炼油中心。自20世纪80年代以来，荷兰政府积极鼓励发展新兴工业，特别重视发展空间、微电子和生命科学等高技术产业。

服务业是荷兰国民经济支柱产业，占国内生产总值的70.2%，主要集中于物流、银行、保险、旅游和法律等行业。荷兰拥有多家著名银行和金融机构。

荷兰旅游业较为发达，拦海造陆工程、郁金香种植区、奶酪小城豪达、大型风车群都是旅游观光的好去处。

3. 文　化

荷兰文化的多元化体现在不同地区文化的差异以及外国文化所带来的影响。荷兰人时间观念强，讲究准时。荷兰人将胡萝卜、土豆和洋葱混合烹调而成的菜叫“国菜”，每年到10月，家家户户都要吃这种“国菜”。

13世纪，荷兰民间文学产生了。在中世纪，荷兰文学是西欧广博传统文学的一部分，作品包括讲述骑士故事的史诗以及寓言故事。16世纪，人文主义文学出现，荷兰的主要代表人物是伊拉兹马斯，他的作品《愚人颂》对教会和社会进行了讽刺，后被译成多种语言文字。斯宾诺莎的哲理故事是17世纪的文学精粹之一。

经典音乐方面，荷兰拥有大量的管弦乐团，分布在荷兰各地，其中最负盛名的为阿姆斯特丹皇家音乐厅管弦乐团，该乐团经常在国外演出。每年的6月，荷兰音乐节都会在阿姆斯特丹举行，音乐节会持续一个月。

荷兰宪法规定宗教信仰自由。对荷兰社会影响最大的是罗马天主教和荷兰新教。

荷兰的科研水平在世界上排名第12位，迄今已有十几名诺贝尔奖获得者。在发达国家中，荷兰是唯一与中国签订科技战略联盟协定并在科研领域开展长期平等合作的国家。

荷兰首都阿姆斯特丹是荷兰最大的城市，是享誉世界的旅游城市和国际大都市，也是欧洲最安全的城市。阿姆斯特丹作为最早的证券交易市场和资本主义市场，诞生了全球第一家证券交易所，也诞生了众多知名跨国企业，如飞利浦集团、喜力公司、ING集团等。荷兰第二大城市鹿特丹是欧洲最大的海港，19世纪80年代曾是世界上第一大港口。第三大城市海牙则是荷兰中央政府所在地、荷兰国王居住办公地，也是许多国际组织总部的所在地。

阿姆斯特丹风景

海牙街景

荷兰以社会风气宽容开放著称，在一些争议性问题上也保持开放。通常，荷兰的形象与贸易、郁金香、风车、木鞋、奶酪和白蓝彩釉瓷器等相关联。荷兰被誉为“鲜花之国”，其中最多且最著名的花卉为郁金香。郁金香是荷兰的象征，因此被誉为“国花”。

荷兰花海

7.2 旅游打卡

7.2.1 梵高美术馆 Van Gogh Museum

梵高是荷兰最有名的画家，梵高美术馆建于 1973 年，位于荷兰的阿姆斯特丹。美术馆中收藏了梵高黄金时期最珍贵的 200 幅画作，约为全部作品的 1/4。最知名的是《十五朵向日葵》，另外还有《自画像》《乌鸦群飞的麦田》《吃马铃薯的人》等重要藏品。除展出 200 余幅绘画、素描作品，还包括梵高的 750 封书信等藏品。

梵高美术馆

1. 文化溯源

梵高是荷兰著名的后印象派画家，1853 年 3 月 30 日出生于荷兰乡村津德尔特的一个新教牧师家庭，早年的他做过职员和商行经纪人，还当过矿区的传教士，最后投身于绘画。梵高一生中有 864 张油画，1 037 张素描，150 张水彩画，他个人独爱肖像画，一生中画过 35 幅自画像。他是表现主义的先驱，并深深影响了 20 世纪的艺术，尤其是野兽派与德国表现主义。

2. 开放时间

周一—周四，周六—周日：9:00—18:00，停止入场时间：17:30。

周五：9:00—21:00，停止入场时间：20:30。

3. 门票价格

成人票：19 欧元。

免票：18 岁以下的未成年人。

4. 交通方式

地铁：至 Waterlooplein 站下车。

有轨电车：中央火车站乘 2、5 路至 Van Baerlestraat 站下车。

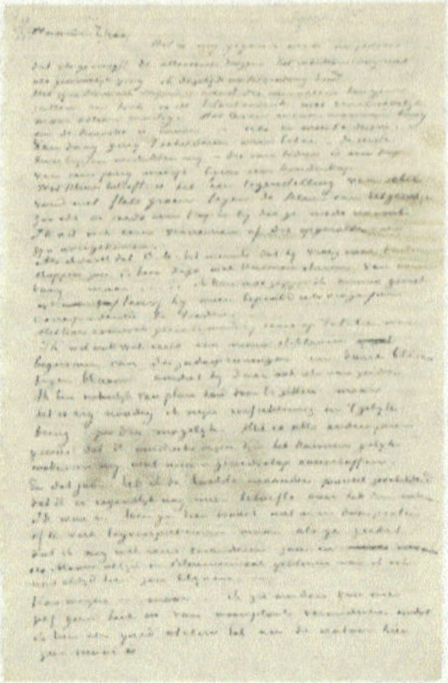

《自画像》和梵高的书信

《十五朵向日葵》

《乌鸦群飞的麦田》

7.2.2 荷兰国立博物馆 Rijksmuseum Amsterdam

荷兰国立博物馆坐落在绿意融融的花园之中，建筑外观十分典雅，是荷兰最大的博物馆，于1885年对外开放，以收藏荷兰“黄金时代”的作品著称。一楼有传统工艺品展出，如陶瓷器、玻璃工艺品及银器等，颇为可观。国立博物馆最初设在大坝区王宫的某一层，当时曾收到市政府所赠的伦勃朗名画《夜巡》。1815年，馆内的收藏品迁到市中心运河上的屈彭院，后来因这栋建筑容纳不下大量的赠礼和收藏品，才迁移到现在的哥特式博物馆大楼中。

1. 文化溯源

国立博物馆中最重要的收藏是荷兰画家伦勃朗的名作《夜巡》，这幅画单独展示在一间房间中，游客看完一定会对其印象深刻。二楼收藏绘画作品的中央画廊“荣誉廊”中除了展示伦勃朗的作品，还有几位荷兰黄金时期的著名画家的作品，如维米尔、詹斯汀及法兰斯哈尔斯的作品也都在这里展示。

荷兰国立博物馆

绘画展厅

2. 开放时间

9:00—17:00;停止售票时间:16:30。
圣诞节和元旦当天不开放。

3. 门票价格

成人17.5欧元,18岁以下免费;语音导览5欧元。

伦勃朗和其名作《夜巡》

维米尔作品《倒牛奶的女仆》

4. 交通方式

有轨电车:乘 2 路或 5 路至 Hobbemastraat 站,下车后向东步行 100 米即可抵达。

7.2.3 桑斯安斯风车村 Zaanse Schans

桑斯安斯风车村是一座秀美的古老村庄,同时也是一座开放空间式的博物馆,在那里,风车和各式手工艺品作坊构成了一幅宁静而美丽的乡村风景。村子中共有 5 座风车,分别用于锯木、榨油料、磨染料、磨芥末粉和提水,村中还有木鞋工厂、奶酪作坊、船坞和白蜡商店等。每天这里都有传统的手工技艺表演,全面展现了荷兰人的传统生活方式。

桑斯安斯风车村

1. 文化溯源

而今，站在绿色的田野前，很难想象在250年前桑斯安斯有800多座古老的风车，它们密密成排，终日旋转。因此，桑斯安斯风车村也有“荷兰风车博物馆”之称。20世纪70年代，大约35座保存完好的荷兰古式风车和房屋被移到博物馆区域，对外开放。

De Kat(猫)矿物磨坊全周向公众开放，它为染色和绘画行业生产各种原材料。

De Kat 磨坊

De Zoeker(寻访者)和 De Bonte Hen(邦特母鸡)两座榨油磨坊仍然在运行使用,在预定的时间向公众开放。

De Zoeker 风车

De gekroonde Poelenburg(加冕的波伦堡)是荷兰仅存的 5 座锯木风车之一,它不对外开放。

De gekroonde Poelenburg 风车

2. 开放时间

全年全天。

3. 门票价格

进入村庄无需购票，参观村内博物馆需支付少量费用。

4. 交通方式

火车：从阿姆斯特丹中央火车站出发，乘坐 Alkmaar 至 Koog-Zaandijk 方向的火车（约 20 分钟，共 4 站），下车随指示步行 10 分钟即可到达。

公交：391 路从中央火车站出发（该车每小时两班），在 St. Michael College 站下车。

7.2.4 和平宫 Peace Palace

和平宫是荷兰的著名建筑，位于海牙市郊，是联合国国际法院、国际法图书馆和国际法学院所在地，被认为是国际法之都。和平宫建造于 1907—1913 年，在修建过程中，还收到各国送来的礼物，多数都用于建筑和装饰和平宫，其中主要来自美国人卡内基的捐赠。

和平宫

1. 文化溯源

设立这样一个机构的想法最初是于 1900 年由俄罗斯外交官弗里德瑞驰·马丁斯和美国外交官安德鲁·怀特在讨论中产生的。于是，在 1899 年海牙举办的第一次海牙和平大会上，决定在这里建立一个永久的国际仲裁法庭（PCA）。这座宫殿之所以被命名为和平宫，是为了表达它对解决争端和维持世界和平的重要性。1946 年，国际法庭第一次开庭。这个法庭作为联合国的司法机构，解决其成员国之间的争端，它同时也是战争罪行的审判地点。

和平宫展品

2. 开放时间

4 月 18 日—10 月 29 日，周二—周五：10:00—17:00。

10 月 31 日—次年 3 月 15 日，周二—周五：11:00—16:00。

3. 门票价格

不对单独游客开放，但可以通过参加和平宫游览团的方式进入建筑；成年人及 10 岁以上儿童票价为 9.5 欧元，10 岁以下儿童免费。

4. 交通方式

轻轨：1、10、20、24 线至 Vredespaleis 站。

公交：20、24 路至 Laan van Meerdervoort (West) 或 Alexanderplein 站。

宫外中文石柱

7.2.5 代尔夫特新教堂 Nieuwe Kerk Delft

代尔夫特新教堂建于 1381 年，是代尔夫特的地标性建筑。这座天主教教堂与荷兰皇室有很深的渊源，从荷兰国父威廉亲王开始，荷兰王室都埋葬于此。其塔楼是荷兰第二高的教堂塔楼，109 米高的尖耸塔楼一柱擎天，奋勇登上 379 级台阶，不仅可以将全城景色尽收眼底，还可以远望到海牙和鹿特丹。

代尔夫特新教堂

1. 文化溯源

荷兰国父威廉一世

代尔夫特是荷兰共和国第一任执政者——威廉一世发起革命的基地，1548年，威廉一世被埋葬于此地的一座陵墓里。从那以后，奥兰治-拿骚家的成员便都葬于该教堂的皇室地下室中。最近葬于此的是朱莉安娜女王及其丈夫伯恩哈德亲王，于2004年下葬。私人的皇室地下室不对公众开放。

2. 开放时间

11—1月：周一—周五，11:00—16:00；周六，10:00—17:00。

2—3月：周一—周日，10:00—17:00。

4—10月：周一—周日，9:00—18:00。

3. 门票价格

成人3.5欧元，6～11岁1.5欧元，5岁以下免费。

4. 交通方式

自驾：至Markt80，2611GW，Delft。

教堂内景

瓷器展品

7.2.6　沃伦丹 Volendam

沃伦丹也称福伦丹，是荷兰北部的一个旅游镇，人口约 22 000 人，主要从事捕鱼和旅游业，捕获的鱼类通常制成荷兰式烟熏鱼罐头。该镇前身是个渔村，如今这里仍然保留昔日风情，是阿姆斯特丹居民周末休闲之地，也是到阿姆斯特丹的旅客顺路游览必经之地，市镇中心的街道游人如云。这里的郁金香非常出名。

交通方式

公交：在阿姆斯特丹的中央车站搭乘 316 路可以到达 Volendam。

沃伦丹街头

木鞋商店

7.2.7 德哈尔古堡 Kasteel De Haar

德哈尔古堡位于乌特勒支郊外，于18世纪建立，并于19世纪改建成现在的新歌德式建筑。目前该古堡为世界富豪罗斯柴尔德家族所拥有。这里除了家族夏季避暑和冬季自用的宅邸，其他华丽的内装及盛开着蔷薇的庭园都对外开放。此地也是荷兰人拍摄结婚纪念照片的名胜地点，以红白镶边的中世纪古堡为背景，拍下新娘的幸福笑容。

1. 开放时间

9:00—17:00。

德哈尔古堡

2. 门票价格

成人票:参观城堡 12.5 欧元。

儿童票(4~12 岁):参观城堡 9 欧元。

3. 交通方式

公交:在 Vleuten 站台向左转就能看到停靠公交车的小广场,在小广场站牌处乘坐 111 路到德哈尔城堡。

7.2.8 钻石博物馆 Diamant Museum Amsterdam

阿姆斯特丹的钻石博物馆位于国立博物馆和梵高博物馆中间,艺术与珠宝近在咫尺,却是两类不同的财富。进入这个璀璨的空间,入口处的大屏幕上,四个"C"不停闪烁着光芒,代表了切割"cut",重量"carat(克拉)",颜色"colour"和透明度"clarity",这便是世界钻石贸易中使用的质量标准"4c"。作为一个博物馆,这里不仅展示了原始的采矿设备和矿井图片,用来切割、研磨、抛光的真实的工具,还展示了世界各国皇室珍贵的王冠复制品。

1. 开放时间

9:00—17:00。

2. 门票价格

全票:10 欧元。

钻石博物馆正门

钻石制作的梵高名作《星空》

优惠票:7.5 欧元。

免票:12 岁以下儿童免费。

3. 交通方式

地铁:至 Waterlooplein 站。

有轨电车:从中央火车站乘 2、5 路有轨电车至 Van Baerlestraat 站。

英王乔治四世王冠复制品

7.3 实用信息

7.3.1 使领馆信息

中华人民共和国驻荷兰王国大使馆：
地址：Willem Lodewijklaan 10 2517 JT，the Hague，The Netherlands。
电话：70－3065099。
传真：70－3551651。
办公时间：周一—周五上午 9：00—12：00。

7.3.2 日常用语

荷兰使用的语言是荷兰语。
ja 是
nee 不是
misschien 也许
bedankt 谢谢
hartelijk dank 多谢
graag gedaan 别客气
hallo 你好
goedemorgen 早上好

goedemiddag 下午好
goedeavond 晚上好
doei 拜拜
dag 再见
goedenacht 晚安
tot ziens! 回头见
excuseert u mij/pardon 不好意思(可用于引起别人的注意,请别人让路,或是道歉)
sorry 对不起
geen probleem 没问题
geeft niks 没关系
ingang 入口
uitgang 出口
buiten gebruik 暂停使用
niet roken 严禁吸烟
privé 私人场所
geen toegang 严禁进入

zou u dat alstublieft kunnen herhalen? 请再说一遍。
ik begrijp het niet. 我不懂。
pardon, waar is het toilet? 请问,洗手间在哪里?
sorry, hoe kom ik bij het busstation? 对不起,汽车站怎么走?
mag ik dit horloge eens zien? 我可以看看这块表吗?
ik heb het gekocht. 我买了。

laat uw paspoort, douaneaangifteformulier en gezondheidsverklaring zien. 请您出示护照、报关单和健康申报单。

第8章　比利时

8.1　认识比利时

8.1.1　文史徜徉

在比利时地区曾经发现公元前1750年石器时代的活动遗址，其中有最初使用的钱币，罗马共和国的军事家恺撒在其著作《高卢战记》中曾叙述该地原住民的生活状况。

比利时境内新石器时代燧石矿

公元前57年，罗马的军事家恺撒率军征服高卢之后，向今日的比利时地区继续进军并征服该地的部落，在征服该地区后将其命名为比利时高卢，比利时之名由此而来。最初该地区的部落仍会组成联盟反抗罗马的统治，以至于这个地区陷入长年的战争，但在恺撒的征伐下，这个地区终归于平静，多数的部落逐渐认同罗马的统治而逐渐放弃武力对抗。

4世纪起，此地被法兰克人占领，成为法兰克王国的一部分，主要包括在佛兰德领地内。843年，法兰克王国一分为三，佛兰德伯国一部分归属法兰西，一部分归属神圣罗马帝国，这也是今日比利时德语区和法语区的由来。

1405年，佛兰德领地女继承人玛格丽特三世与勃艮第公爵菲利普二世结婚，佛兰德遂并入勃艮第公国。后来这一地区变成奥地利哈布斯堡王朝的领土，以后又因哈布斯堡王朝的联姻与分家，这一地区被西班牙哈布斯堡王朝统治。但在西班牙王位继承战争后，奥地利占取了比利时。

1789年，法国大革命爆发，奥地利下辖的尼德兰地区宣布独立，但旋即在该年又被奥地利

佛兰德伯国国徽

人重新占领。1794—1795年，南尼德兰遭到法兰西第一共和国的进攻与占领，与此同时结束了哈布斯堡的统治，该地区被切割成9个行政区而成为法国的一部分，在1797年，奥地利正式签署条约，将该地割让给法国，当地经济被法国严重剥削，引起了很大不满。1814年，拿破仑迫于反法联盟的力量而退位，在翌年卷土重来，6月18日，拿破仑终于在比利时的滑铁卢被英国和普鲁士军队击败。战后的维也纳会议决定将比利时并入荷兰。

滑铁卢战役

比利时人民受到法国七月革命成功的鼓舞，同时物价上涨和失业率也成为革命的导火索。在1830年8月，比利时人在布鲁塞尔爆发革命，大批群众纷纷参与独立运动，迫使荷兰国王威廉一世同意召开议会。比利时在取得英国和法国的默许和支持后，成立了临时政府，并拒绝和荷兰采取任何形式的共治，在10月4日宣布比利时完全独立，并于11月18日经比利时国民会议确认。在1831年2月，比利时公布首部宪法。1831年，列强在伦敦承认比利时的独立，并确保其永久中立国的地位，但是1839年伦敦条约才正式生效。

布鲁塞尔起义

独立后，比利时的煤炭和冶炼工业迅速发展，19 世纪从自由资本主义向帝国主义过渡，侵占刚果领土。1908 年，刚果自由邦成为比利时殖民地。两次世界大战中，比利时都被德国占领。1944 年 9 月，比利时光复，并同荷兰、卢森堡结成关税同盟，1949 年加入北约，1958 年加入欧洲经济共同体。同一时期，刚果、布隆迪和卢旺达先后宣布独立，比利时在非洲的殖民统治宣告结束。

在过去的半个世纪，比利时作为一个现代化、高科技的欧洲国家而兴盛，但是北部说荷兰语的弗拉芒人和南部讲法语的瓦隆人之间有着长期的紧张关系，最终导致近些年的宪法修正案赋予比利时南北两部分正式的自治权，因此比利时现在是一个联邦国家。

8.1.2 今日速览

如今的比利时全称比利时王国，官方语言是荷兰语、法语和德语，位于欧洲中部，是一个高度发达的资本主义国家，是欧盟和北约创始会员国之一，也是世界十大商品进出口国之一，外贸为其经济命脉。比利时拥有极其完善的工业体系以及港口、运河、铁路和公路等基础设施。

1. 政　治

比利时实行三权分立的政治制度，立法权、司法权和行政权相互独立、互相制衡。国王是国家的象征。其联邦政府负责有关国家整体利益的事务，如外交、国防、经济、社会福利、公共安全、运输、通信等；其社区政府负责语言、文化和教育，如学校、图书馆、戏院等；其行政区政府负责当地的土地与财产事务，如地域经济、规划、建屋、交通等，如一个在布鲁塞尔的学校建筑由布鲁塞尔行政区政府管辖，但是学校作为一个教育机构则由荷兰语社区政府（如果学校教授的第一语言是荷兰语）或法语社区政府（如果学校教授的第一语言是法语）负责。这是一个复杂却能被广泛接受的举措，以确保各种文化能和平共处。

比利时于 1831 年制定首部宪法，1994 年 2 月出台新宪法。新宪法保留了原宪法有关基本自由、权力分享和国家民主的 2/3 条款，并规定：比利时实行世袭君主立宪的联邦制，国王为国家元首、三军最高统帅，与议会共同行使立法权，与政府共同行使行政权，但实权在政府，政

比利时国旗

府对议会负责。议会实行两院制，主要由众议院行使立法权，参议院只在修宪、外交事务、国家体制改革等方面与众议院享受同等权力，在其他方面仅有立法建议和咨询权。新宪法扩大了地区政府的内政和外交权力。新宪法首次承认女性王室成员的王位继承权。2014 年 1 月，议会对宪法进行最新修订，议会任期从 4 年延长至 5 年，参议院改为非常设机构，联邦政府进一步向地方政府下放权力。联邦议会由 150 名众议员和 60 名参议员组成，任期 5 年。

比利时设有三级法院，三级法院均有相应的检察机构。各级法院的法官均由国王直接或根据同级议会的提名任免，终身任职。各级检察长由国王根据政府提名任免。

2. 经　济

比利时为发达的资本主义工业国家，经济高度对外依赖，80%的原料靠进口，50%以上的工业产品供出口。

比利时是世界上工业最发达的地区之一，是 19 世纪初欧洲大陆最早进行工业革命的国家之一。其主要工业部门有钢铁、机械、有色金属、化工、纺织、玻璃、煤炭等。

外贸是比利时的经济命脉。其主要贸易伙伴为欧共体成员国，其次为其他欧洲国家及北美、亚洲和非洲国家。对外主要投资方为远东地区，其次是刚果(金)、布隆迪、卢旺达、欧洲、拉美和北美，主要投资部门为冶金、建筑材料和服务业。每年对外援助总额约 250 亿比法郎(约合 6.7 亿美元)，受援国达 100 余个，非洲国家占 75%，贷款援助中的 50%用于亚洲国家。

比利时是世界原钻集散地，控制了世界 80%的原钻交易、55%的加工钻交易、45%的工业用天然钻交易。钻石的主要来源地是刚果(金)、刚果(布)、利比里亚，主要出口方为中国和印度。

3. 文　化

比利时首都布鲁塞尔是欧洲联盟的主要行政机构所在地，是北大西洋公约组织总部驻地，有“欧洲的首都”之称，另外也是 200 多个国际行政中心及超过 1 000 个官方团体的日常会议举办城市。城市中拥有全欧洲最精美的建筑和博物馆，摩天大楼和中世纪古建筑相得益彰。

第二大城市是安特卫普，是比利时最大港口和重要工业城市，是欧洲著名文化中心，为著名艺术大师鲁本斯和凡·代克的诞生地，属于世界著名的旅游城市，承办了 1920 年第七届奥

布鲁塞尔夜景

运会。

比利时的古城布鲁日是一个保存完好的中世纪城市。它以精美的建筑、完整的古城布局、亮丽的风景、悠久的历史、艺术、宗教、巧克力等吸引着来自世界各地的游客。

安特卫普奥运会海报

国家实行6～18岁义务教育制，医疗保险制度比较完备，全社会成员都能够在一定程度上得到健康保障。外交上，比利时推行积极的欧洲政策，将欧盟作为其外交重要战略依托，主张加快深化欧洲一体化建设，对外强调欧美团结，缓和东西方关系，发展同第三世界的合作。中比于1971年10月25日建立外交关系，双边关系密切。

比利时人真诚、重感情，为人处世谨慎，不喜欢张扬，很少在公开场合喜形于色。在社交场合衣着整齐、得体，与客人相见时，会主动握手并做自我介绍，当亲朋好友相见时，习惯施拥抱礼，关系密切的可行贴面礼。

8.2 旅游打卡

8.2.1 布鲁塞尔大广场 Grote Markt

布鲁塞尔大广场位于市中心，1998年被列入世界文化遗产，法国作家维克多·雨果曾赞美这里是“世界上最美丽的广场”。大广场被中世纪的行会建筑所包围，市政厅的90米塔楼是广场上最高的建筑。闲逛在布鲁塞尔市中心街头，可以品尝美味的华夫饼。不论是当地人还是游客，都喜欢坐在这里享受阳光。

布鲁塞尔大广场

1. 文化溯源

布鲁塞尔市政厅是布鲁塞尔大广场众多建筑物中最引人注目的建筑，这座哥特式建筑物是布鲁塞尔的城市地标。市政厅大楼始建于1402年，它上面的厅塔高91米。塔尖有一座5米高的风向标，是布鲁塞尔守护神圣米歇尔的雕像。传说布鲁塞尔的领主曾因圣米歇尔相救而幸免于难，领主为此授予圣米歇尔“布鲁塞尔守护神”的称号。市政厅的走廊内挂满了壁画，在众多的肖像画中，有比利时的君主，也有曾经统治过布鲁塞尔的西班牙、荷兰、法国等国的国王，包括拿破仑。

尿尿小童

尿尿小童小于廉的铜像是布鲁塞尔的标志，小于廉被称为“布鲁塞尔第一公民”。铜像建于1619年，位于市中心广场转弯处，高0.5米左右，是光身叉腰撒尿的小男孩形象，非常逼真。传说西班牙占领者在撤离布鲁塞尔时，打算用炸药炸毁城市，幸好小男孩夜出撒尿，浇灭了导火线，拯救了全城，后来为纪念小英雄而雕刻了此像。

2. 开放时间

全年全天。

市政厅夜景

守护神圣米歇尔雕像

3. 门票价格

广场免费(市政厅成人 2.48 欧元,不低于 12 人团体每人 1.98 欧元)。

4. 交通方式

从布鲁塞尔中央火车站(Gare Centrale)出发,沿 Rue du Marché aux Herbes 街向西北方步行 400 米,约 10 分钟即可到达。

8.2.2 原子球塔 Atomium

原子球塔位于比利时首都布鲁塞尔西北郊的海塞尔高地,是布鲁塞尔十大名胜之一,有比利时的"埃菲尔铁塔"之美称。原子球塔是比利时著名工程师瓦特凯恩于 1958 年为布鲁塞尔万国博览会设计的,表现的是放大了 1 650 亿倍的铁原子结构。博览会闭幕后,展品被拆除,只有原子球原封未动,成为现代布鲁塞尔的标志。游客在此可以通过四周的有机透明玻璃俯瞰布鲁塞尔的市容市貌,尽情领略周边的迷人风景。

1. 文化溯源

据介绍,昂・瓦特凯恩当时之所以会设计出这样一个新奇的方案,主要是考虑了两方面的因素:一是寓意当时的欧洲刚从第二次世界大战的阴影中走出来,正进入经济高速发展时期,创作者选择用庞大的建筑来展示原子结构的微观世界,既表达了人们对发展原子能美好前景的一种展望,也象征人类进入了科学、和平、发展和进步的新时代;二是当时的欧共体共有 9 个会员国,比利时又刚好有 9 个省,这样原子球塔的整个造型正好成为比利时和欧共体的象征。

原子球塔

原子球塔内部通道

原子球塔内部展览

2. 开放时间

10:00—18:00,部分日期有特殊安排。

12月25日、1月01日:12:00—18:00;停止售票时间:17:30。

其他时间:10:00—18:00;停止售票时间:17:30。

3. 门票价格

成人11欧元。

12~18岁青少年、学生8欧元(需出示学生证)。

6~11岁儿童6欧元。

6岁以下儿童、残疾人免费。

4. 交通方式

地铁:6号线,在Haysel/Heizal站下车后步行10分钟即可到达。

8.2.3 滑铁卢古战场 Waterloo Battlefield

滑铁卢古战场位于布鲁塞尔南郊20千米处，是布鲁塞尔著名的三大景点之一。1815年6月18日傍晚，威灵顿公爵指挥的英荷联军及普鲁士军队就是在这里围困并最终击败拿破仑，从而结束了这位传奇人物纵横欧洲的历史。尽管这里是一片郁郁葱葱的田园风光，然而人们云集到这里，主要是为了探寻滑铁卢古战场的遗址。

滑铁卢古战场

1. 文化溯源

滑铁卢有一座高约40米的人造小山丘，位于小镇往南刚刚出镇的一片田野上，名为狮子之丘，其最顶部立有一头重28吨、面朝法国国土的铁铸雄狮像，它是利用当年遗留在战场上的枪炮铸成的。

在狮子之丘脚下，有一个滑铁卢战役展览厅，那里陈列着法国著名画家杜默兰于1912年完成的一幅长达110米、高约12米的环形壁画，描绘了在这场震撼世界的战争中两军激战，以及拿破仑骑兵溃败的场面。由于壁画运用了远近法，加上环形的设计，以及前景的人物和篱笆都是以模型制成，身处其中，会以为滑铁卢战事正在眼前发生。

2. 开放时间

展览馆：10：00—18：30。

3. 门票价格

免费。

4. 交通方式

需要自驾或租车前往。

狮子像

展出的军队服装

壁画的一部分

8.2.4 埃尔热博物馆 Herge Museum

埃尔热是比利时漫画家，是世界著名连环漫画《丁丁历险记》的作者，他是 20 世纪世界上最杰出的漫画家之一。《丁丁历险记》系列自 1929 年问世以来，迄今已在世界各地被译成 60 余种语言，销量超过 2.2 亿册，是世界漫画艺术的瑰宝。博物馆坐落于比利时首都布鲁塞尔西南 30 千米的新卢万，始建于 2007 年 5 月，在埃尔热的百岁诞辰之际。

埃尔热博物馆

1. 文化溯源

《丁丁历险记》旧译《天天历险记》，为比利时漫画家乔治·勒米（笔名：埃尔热）所创作的漫画作品，该漫画故事以探险发现为主，辅以科学幻想的内容，同时倡导反战、和平和人道主义思想，在全世界都非常著名。《丁丁历险记》自 1929 年 1 月 10 日起在比利时报纸上开始双周连载，拥有多种翻译版本和衍生作品。《丁丁历险记》的故事虽然已成为百年历史，但时至今天仍然拥有相当多的爱好者和纪念者，在欧洲，其系列漫画仍在不断重版。

《丁丁历险记》图书

2. 开放时间

周一、元旦和圣诞节闭馆。

周二—周五：10：30—17：30；停止售票时间：17：00。

周六—周日：10：30—18：00；停止售票时间：17：30。

3. 门票价格

全票 12 欧元。

家庭票、学生和 65 岁以上老年人 7 欧元。

7～14 岁儿童 5 欧元。

7 岁以下儿童免费。

《丁丁历险记》中的火箭模型

4. 交通方式

乘坐火车或公交至 Louvain Neuve 站或 Leuven 站，步行 300 米左右即可到达。

8.2.5 布鲁日市政厅 Brugge Stadhuis

布鲁日市政厅是比利时西佛兰德布鲁日的市政厅，这是低地国家最古老的市政厅之一。布鲁日市政厅位于城堡广场，始建于 1376 年，于 1421 年完成。它是晚期哥特式风格，属于长方形平面，带有角楼。其令人印象深刻的丰富的设计，反映了 14 世纪布鲁日的经济繁荣。

1. 文化溯源

布鲁日市政厅的外墙上刻有浮雕，内容取材于圣经故事和历史人物，形象鲜明，生动传神。内部大厅中有令人印象深刻的木穹顶天花板和历史壁画。历史室有许多有关布鲁日历史的档案以及绘画。

2. 开放时间

9:30—17:00；停止售票时间：16:30。

3. 门票价格

4 欧元。

布鲁日市政厅

市政厅内部

4. 交通方式

公交:6、16、88 路至 Brugge Vismarkt 站,下车后沿 Steenhouwersdijk 9 街向西北方向步行 80 米即可抵达。

壁画

市政厅装饰

8.2.6 尿尿小童衣橱博物馆 GardeRobe MannekenPis

1747 年，法国国王路易十五向尿尿小童赠送了一套华丽的服装。当时，法国士兵曾试图偷走尿尿小童雕像，路易十五此举意在为其士兵的鲁莽行为道歉。后来，世界上很多国家都向尿尿小童赠送过服装。布鲁塞尔市政府每年只接受 60 份申请，最后接纳其中 20 份。由于衣服太多，布鲁塞尔市政府决定专门为其开设一家服装博物馆，这家博物馆目前共展示了 130 套服装，其中有一套是中国宋朝的服装。

尿尿小童衣橱博物馆

1. 开放时间

10:00—17:00。周一不开放。

2. 交通方式

从布鲁塞尔广场步行即可到达，距离尿尿小童雕像约 100 米。

8.2.7 “火车世界”博物馆 Train World

“火车世界”博物馆在布鲁塞尔斯哈尔克(Schaerbeek)旧火车站大楼的基础上建成，专门介绍比利时铁路的发展历史、铁路对国家和个人的影响、人与铁路之间的故事等。馆藏有1 200多件与铁路相关的展品，其中包括22台机车头、各时期的火车，也包括众多其他物品，如家具、模型、制服等。

“火车世界”博物馆

欧洲大陆最久远的火车头“Pays de Waes”

2021年，博物馆专门开办了一个名为“从北京到汉口：比利时人的中国之旅”的特殊展览，以纪念中比建交50周年，主题是比利时承建的中国最早期的长距离干线铁路——京汉铁路。展览中模拟了慈禧太后以及参与铁路建设的重要人物，也展示了近年来中国铁路令人惊叹的发展和成就。

“从北京到汉口：比利时人的中国之旅”展览内容(1)

“从北京到汉口：比利时人的中国之旅”展览内容(2)

1. 开放时间

10:00—17:00。周一、元旦和圣诞节不开放。

2. 门票价格

全票：12欧元。
优惠票：9欧元。
免票：6岁以下免费。

3. 交通方式

从布鲁塞尔北站向北步行 2.5 千米即可到达。

8.2.8 半月啤酒博物馆 De Halve Maan Brewery

半月啤酒博物馆是由旧酿酒厂改造的博物馆，品牌始于 1564 年，酒厂名为 De Halve Maan，翻译过来就是“半月”，其标志为半个月亮状的金色人脸，是一个拥有年代感的家族传世啤酒品牌。酒窖坐落在一座晚期哥特式风格的建筑里，里面有现代冷却仓和德式风格的酒窖场，中间的庭院是露天酒吧，游客在参观前等位时可以坐在院子里饮杯酒，十分惬意！

半月啤酒博物馆

博物馆标志

啤酒品牌介绍

1. 开放时间

周日—周三:10:00—18:00。
周四—周六:10:00—23:00。

2. 交通方式

从布鲁日火车站向东北方向步行约 600 米即可到达。

8.3 实用信息

8.3.1 使领馆信息

中华人民共和国驻比利时王国大使馆:
地址:Avenue de Tervuren,443 - 445,1150,Woluwe Saint-Pierre, Bruxelles, Belgique。
电话:0032 - 27712038。
传真:0032 - 2 - 7792895。

8.3.2 日常用语

比利时的官方语言是荷兰语、德语和法语,日常用语可以参见荷兰、德国和法国部分。

第9章 瑞 士

9.1 认识瑞士

9.1.1 文史徜徉

瑞士从四五万年前起就有人类居住。公元前 9—公元前 1 世纪末，这里先后产生过哈尔施塔特文化和拉登文化。公元前 2 世纪，大部分瑞士领土被凯尔特的海尔维第部族占领，公元前 58 年被恺撒的军队征服，遭罗马帝国统治达 400 年之久。

凯尔特人

3—7 世纪，日耳曼部族阿勒曼尼人入侵瑞士东部和北部，并在此定居，这些地方成为以后瑞士的德语区，勃艮第人侵占了西部，这里就是以后瑞士的法语区。莱茵河以北地区仍保持罗马遗风，成为罗曼什语区。后来提契诺州加入瑞士联邦，成为今日瑞士的意大利语区。

774 年，瑞士领土全部并入法兰克王国。11 世纪起，瑞士的部分地区归神圣罗马帝国统治，此后瑞士领土被分裂为许多独立和半独立的伯爵领地、封建领主领地以及贵族共和国。策林根、基堡、萨瓦和哈布斯堡四大家族先后在瑞士争权夺利，最终哈布斯堡家族成为瑞士最大的封建领主。1291 年，随着哈布斯堡家族的衰落，瑞士中部的三个州成立了“永久同盟”，并在莫尔加尔滕战役中击败了奥地利入侵者。这个同盟奠定了瑞士的国家基础。

14—15 世纪，同盟扩大了领土并加强了军事实力。卢塞恩、苏黎世、楚格、格拉鲁斯、伯尔尼各州先后加入同盟，1370 年签订了八州《牧师宪章》，结成联邦。1499 年，瑞士联邦赢得了与哈布斯堡王朝的施瓦本战争，获得了实际上的独立。联邦在之后的三十年战争中保持了中立，三十年战争结束后，根据1648年签订的《威斯特伐利亚和约》，瑞士被国际上确认为独立国家。

16—17世纪，瑞士经济陷入衰退，新教与天主教矛盾激化并引发了内战，但最终新教获胜，客观上促进了瑞士资本主义的发展。1798年春，法国军队进入瑞士，占领伯尔尼，瑞士13个州的联邦瓦解。同年4月，有22个州参加的海尔维第共和国在法国的支持下宣告成立，通过了法国的模式的宪法。从此，瑞士成为统一的中央集权国家，但依附于法国。

莫尔加尔滕战役

拿破仑战败后，瑞士联邦恢复，并被维也纳会议确定为永久中立国，瑞士成为一个统一的联邦制国家，并且在两次世界大战中都保持了中立，没有遭到入侵。战后，瑞士经济全速发展，成为全球最富裕的国家之一。第二次世界大战后，政局相对稳定，从1959年起，瑞士一直由激进民主党、基督教民主党、社会党和中间民主联盟四党联合执政。

瑞士人自己说："瑞士之所以成为瑞士，是因为有些德意志人不愿做德国人；有些法兰西人不愿做法国人；有些意大利人不愿做意大利人。于是这些人一起成了瑞士人。"这也就形成了瑞士的国家政治制度——联邦制。但是由于种族、宗教、语言以及经济发展的不同，组成联邦的各州之间的关系一直十分微妙。由于历史上存在的不平等的创痕，各州之间彼此心存芥蒂，互相防范，原本属于一州的地区也闹出不少分裂事件。尽管在外交上一直奉行着中立政策，但瑞士还是在2002年加入了联合国这一目前世界上最大的政治组织。此外，瑞士既不是北约成员，也不是欧盟成员。

9.1.2 今日速览

瑞士全称瑞士联邦，官方语言是法语、德语、意大利语和罗曼什语，位于欧洲中部，全境以高原和山地为主，有"欧洲屋脊"之称。瑞士是永久的中立国，确立中立后，本土从未卷入任何形式的战争，但同时也参与国际事务，许多国际性组织的总部都设在瑞士。瑞士是一个高度发达的资本主义国家，也是全球最富裕、社会最安定、经济最发达和拥有最高生活水准的国家之一，全球创新指数位列第一。其旅游资源丰富，有"世界公园"的美誉。其人均GDP一直居世界前列，在欧洲仅次于卢森堡。瑞士还是世界上最为稳定的经济体之一，由于拥有发达的金融产业，服务业在瑞士经济中也占有日益重要的地位。

海尔维第共和国旗帜

签订《威斯特伐利亚和约》

1. 政　治

瑞士实行议会民主制，为委员会制国家，国家领袖为联邦主席，但其只是形式上的领导人，真正的权力属于七席联邦委员会，由国家七个机关的部长组织构成。联邦委员会全体成员集体作为国家元首。联邦主席由联邦委员会七名委员轮任，对外代表瑞士，任期一年。

瑞士国旗

1848 年，瑞士制定了新宪法，宪法规定瑞士联邦政府是最高的行政机关，下辖州政府、市政府等。各州有自己的宪法与立法机关，每州有一名代表参加联邦议会，只有联邦议会才有权宣战或与外国结盟。1874 年以后，宪法曾被多次修改。1999 年，瑞士公民表决通过新宪法，明确规定瑞士是联邦制国家，各州有自己的宪法。联邦政府管辖外交、财政、金融、联邦税收、货币、国防、海关、铁路、邮电、能源、电视、广播和社会保障等，其他事务由各州管辖。各州必须遵守联邦的全国性法律并接受联邦的监督。新宪法还确定了国际法高于国内法的原则。

瑞士实行“公民表决”和“公民倡议”形式的直接民主。凡修改宪法条款、签订期限为 15 年以上的国际条约或加入重要国际组织，必须经过公民表决并由各州通过方能生效。公民的民主权力很大，公民对重大国事与地方事宜拥有表决、创制与复决权，可以成立请愿，也可以投票抵制政府的一些政策，十万名瑞士国籍者经投票可以修改宪法，也可以修改国家外交政策。

瑞士为永久中立国，自 1815 年以来一直奉行中立政策。第二次世界大战后，为更好地维护自身利益，瑞士逐步调整外交政策，由“传统保守的中立”向“积极的中立”过渡，把促进和平共处、尊重人权并促进民主、维护瑞士海外经济利益、减少全球危机与贫困以及维护人类基本生存条件视为其外交政策的五大目标。自2002年9月加入联合国以来，瑞士外交政策更加突出人权和人道主义，大力开展斡旋外交，力图在国际事务中发挥独特作用，以扩大国际影响。瑞士同世界上192个国家有外交关系。

2. 经　济

瑞士经济市场稳定且科技先进，是世界上最为稳定的经济体之一。就2011年瑞士人均财富而言，其为世界上最富裕的国家(包括金融及非金融资产)。瑞士人均收入处在世界最高行列，同时有着很低的失业率和财政赤字。

世界经济论坛发布的全球竞争力报告显示瑞士为世界竞争力最强的国家，欧盟报告显示瑞士的创新力表现为欧洲最佳。瑞士人均国内生产总值长期居欧洲前列。

瑞士是许多跨国公司总部所在地，瑞士营业额最高的企业有维多、嘉能可、贡沃尔、托克、雀巢、诺华、罗氏、ABB、摩科瑞及德科，其他较著名的有瑞银集团、苏黎世金融服务集团、瑞士信贷集团、利乐包装、百乐嘉利宝、瑞士再保险及史华曲集团。瑞士也是世界上最有影响力的经济体之一。

制造业为瑞士最重要的产业，以生产专业化学制品、药品及医疗产品、科学精密测量仪器、乐器为主。主要出口产品包括化学制品、机械及电子设备、精密仪器及钟表。服务业为瑞士另一重要产业，包括银行业、旅游业、保险业及国际组织等。

瑞士的是高度发达的工业国。其实行自由经济政策，政府尽量减少干预，对外主张自由贸易，反对贸易保护主义。工业是瑞士国民经济的主体，工业产值约占国内生产总值的50%。机械制造、化工、医药、高档钟表、食品加工、纺织业是瑞士的主要支柱产业。钟表业是瑞士第三大出口行业。作为世界最大的钟表生产国之一，瑞士拥有众多享誉世界的钟表品牌，产品以腕表为主，另有座钟和摆钟等。食品工业的产品主要供国内需要，但奶酪、巧克力、速溶咖啡和浓缩食品在世界也享有盛誉，所以瑞士也是巧克力王国。

瑞士的主要农作物有小麦、燕麦、马铃薯和甜菜，肉类基本自给，奶制品自给有余。瑞士政府相当重视农业生产的发展，对农业长期实施补贴政策，诸如发放补助金，对山区提供特别补助，对主要农产品提供价格补贴；限制和减少蔬菜和水果的进口；对农民提供无息贷款；支持农业的机械化和专业化；加强农业科学研究和技术培训；普及并重视农业知识。

瑞士的农业保护政策为瑞士自由贸易政策的少数例外，导致食物价格较高。经济合作与发展组织报告显示瑞士市场自由度略低于部分欧盟国家，但瑞士国内购买力仍居世界前列。除农业外，欧洲国家与瑞士间的贸易壁垒相当少，瑞士也与世界各国签订自由贸易协定。瑞士为欧洲自由贸易联盟成员国之一。

金融业是瑞士的重要经济部门之一。得益于健全的银行体系和先进的资产管理水平，瑞士被誉为全球最大的离岸金融中心和国际资产管理业务领导者。

3. 文　化

截至2012年12月，瑞士以德语、法语、意大利语及罗曼什语四种语言为官方语言，瑞士使用最广泛的语言是德语。

瑞士人禁忌“13”和“星期五”，认为其会给人们带来不幸或灾祸；忌讳打听他们的年龄、工资及家庭状况，认为这是私事；不愿看到在场所(公寓、阳台、餐厅等处)晾衣服，认为这样做影响环境的美观。在餐厅就餐时，瑞士人不愿听到餐具相互碰撞的响声和咀嚼食物的声音。

阿尔卑斯长号原是阿尔卑斯山区牧民召唤牧群、传递信息的工具，其有文字记载的历史已超过 500 年。这种长 3～4 米，重 4 千克的木质号角已成为瑞士山区文化的代表，号角声在山谷中回荡，令人心旷神怡。

阿尔卑斯长号

瑞士教育的特点是：初中教育普及；高中比重小、职业学校比重大；大学教学质量高。全国实行九年义务教育制。

瑞士有全球发达的公共医疗保健系统，拥有高水平的医疗专家以及采用最先进医疗技术的诊所和医疗机构，发达的医院体系为每个人提供医疗服务。瑞士平均每万人拥有医生 40 人。瑞士公共卫生系统主要分两部分，一部分是联邦政府和州政府的卫生部门，另一部分是各类医疗机构。

瑞士并不是一个体育强国，但是瑞士人平均体育水平很高，每个人往往会有 3～5 种体育爱好。由于位于阿尔卑斯山脚下，山上常年积雪，所以瑞士人尤其酷爱滑雪等冬季运动。瑞士人在体育方面的强项是网球和冬季运动。

瑞士学术界有不少科学家获得诺贝尔奖，如阿尔伯特·爱因斯坦于伯尔尼期间建立狭义相对论，在所有领域的诺贝尔奖得主中，有 113 位与瑞士有关联，位于瑞士的国际组织总共获得 9 次诺贝尔和平奖。

瑞士的太空机构——瑞士航天局参与太空科技及太空计划，瑞士为欧洲空间局的十个创始国之一，也是欧洲空间局的主要资金提供者。

伯尔尼是联邦政府的所在地，是瑞士的政治和文化中心，也是瑞士第四大城市。伯尔尼历史悠久，旧城区已成为联合国教科文组织核定的世界遗产。

苏黎世是瑞士第一大城市和最重要的工商业城市，是全国政治、经济、文化和交通中心，也是全欧洲最富有的城市，是国际金融中心之一，是仅次于伦敦的世界第二大黄金交易市场。该市已连续多年被联合国人居署评为全球最宜居的城市之一。这里集中了全球 120 多家银行的总部，故其又被誉为“欧洲亿万富翁都市”。

瑞士其他重要城市还有日内瓦、洛桑等。日内瓦是世界各国际机构云集的国际化城市，也是世界钟表之都，钟表业与银行业是日内瓦的两大经济支柱。洛桑与日内瓦一样，是国际奥委会等许多著名的国际组织的总部所在地，因此被称为“奥林匹克之都”。

伯尔尼

苏黎世

洛迦诺国际电影节是瑞士举办的最早、最大的电影节，与戛纳、柏林电影节齐名，最高奖项是金豹奖。

洛桑

网球运动员罗杰·费德勒

9.2 旅游打卡

9.2.1 苏黎世大教堂 Grossmünster

苏黎世大教堂是瑞士苏黎世的三座主要教堂之一(另外两座是苏黎世圣母大教堂和圣彼得教堂),是一座修道院教堂。教堂位于利马特河河岸附近,为罗马建筑风格,其双塔被视为苏黎世地标。今天的教堂始建于1100年前后,约1220年揭幕,根据传说,最早的教堂为查理曼创建。

苏黎世大教堂

1. 文化溯源

苏黎世大教堂在宗教改革历史上扮演了重要角色。1520年,慈运理在苏黎世大教堂任职期间开始了瑞士德语区宗教改革,使这个教堂成为宗教改革史上最重要的地点之一和瑞士德语区宗教改革的诞生地 。因此,苏黎世大学神学院和宗教改革博物馆都设立于此,教堂内的彩画玻璃是瑞士现代艺术大师贾科梅蒂的杰作。

2. 开放时间

教堂:3月1日—10月31日:10:00—18:00;11月1日—次年2月28日:10:00—17:00。

登塔:3月1日—10月31日:10:00—17:00 (周一—周六),12:30—17:30(周日);11月1日—次年2月28日:10:00—16:30 (周一—周六),12:30—16:30 (周日)。

大教堂内景

3. 门票价格

免费。

4. 交通方式

无轨电车:4、15 路至 Helmhaus 站。

9.2.2 伯尔尼老城 Old City of Berne

伯尔尼老城于 12 世纪建在阿勒河环绕的山丘之上,1848 年成为瑞士的首都。阿勒河把伯尔尼分为两半,西岸为老城,东岸为新城,横跨阿勒河的 7 座宽阔大桥把老城和新城连接起来。老城区的路上镶嵌着一块块的石板,每走三五步就有一处喷泉。传统的房屋建筑和摩登新颖的店家交织成一处处美轮美奂的城市景观。这座中世纪城镇的主体建筑在 18 世纪被重新修建,古城保留了 16 世纪典雅的拱形长廊和喷泉,保留了原来的历史风貌。1983 年,伯尔尼老城被联合国教科文组织列入《世界遗产目录》。

1. 文化溯源

历史上,许多革命活动家都在伯尔尼居住过。恩格斯 1848 年秋曾到伯尔尼指导瑞士的工人运动。列宁从 1914 年 9 月—1916 年初也在伯尔尼附近的齐美瓦尔德和昆塔尔逗留过,并写过不少揭露第二国际机会主义叛徒的文章。著名物理学家爱因斯坦在伯尔尼联邦专利局工作期间,业余钻研物理学,发表了他的惊世之作“相对论”,伯尔尼引以为傲,至今还保留着爱因斯坦的住所(已开辟为博物馆)。

爱因斯坦博物馆内大致维持了当初爱因斯坦住所的格局,展示了他生前各个时期的照片、相对论的学术资料、上课的录音带等,还有爱因斯坦在报纸上的分类广告栏刊登的招生启事、爱因斯坦的成绩单,这些物品详细而清楚地记录了爱因斯坦的生平事迹。

伯尔尼老城

爱因斯坦博物馆正门

2. 开放时间

伯尼尔老城全年全天。

3. 门票价格

伯尼尔老城免费开放。

爱因斯坦故居博物馆(11:00—16:00 开放):成人 5 瑞士法郎,学生、8～15 岁 3 瑞士法郎。

故居陈列

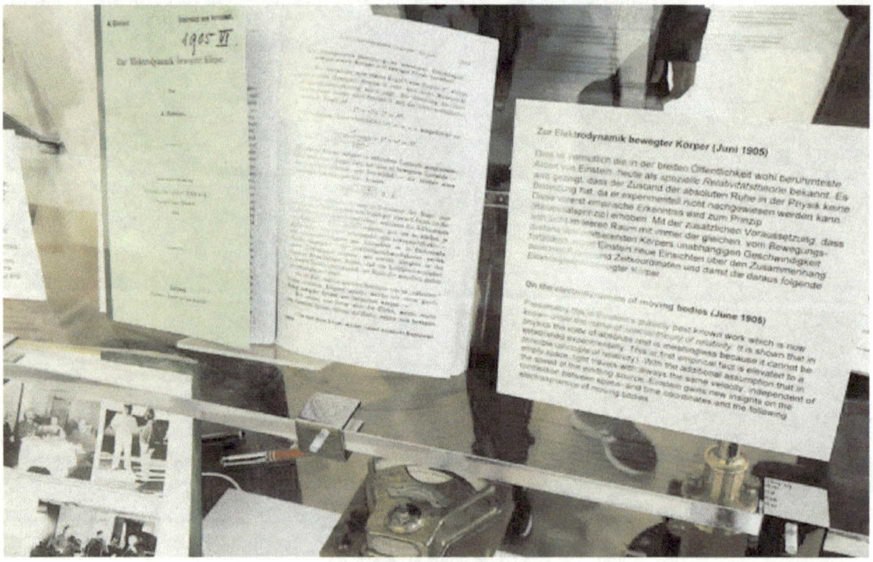

爱因斯坦的论文

4. 交通方式

从伯尔尼火车站步行前往，约 10 分钟。

9.2.3 洛桑老城 Lausanne

洛桑位于日内瓦湖畔北部沿岸的中部，是瑞士文化和人才中心。这里有瑞士联邦最高法院、洛桑大学、酒店学校、国际学校等院校，文化氛围很浓。洛桑早在4世纪就开始建城。1803年，洛桑成为沃州（瓦特州）的首府。洛桑老城区里，保存完好的古建筑鳞次栉比，踯躅于街头就犹如置身中世纪的时光里。很多著名的欧洲文学家，如拜伦、卢梭、雨果和狄更斯等，都曾在洛桑居住并寻找创作灵感。至今，在洛桑的老城区里仍然保留着一种瑞士式的和谐与宁静。洛桑还被称为"奥林匹克首都"，奥林匹克博物馆和老城的圣母大教堂都是其标志性景点。

洛桑老城

9.2.4 奥林匹克博物馆 Le Musée Olympique

洛桑是近代奥林匹克之父顾拜旦男爵为国际奥林匹克委员会根据地所指定的城市，为继承顾拜旦将奥林匹克的精神传播到世界各地的意志，由前任奥委会主席萨马兰奇指定，于1993年在洛桑建立了世界上唯一一座奥林匹克博物馆。博物馆通过艺术、文献、影片等向人们展示了从古代希腊到现在的奥林匹克运动的历史，把体育、艺术和奥林匹克精神及文化有机地结合起来。3 400平方米的展厅里展现了具有独特风格的永久性以及临时性的展品，该博物馆也是国际性的保管和研究中心。

1. 文化溯源

1990年6月23日，国际奥委会在瑞士洛桑为新落成的奥林匹克博物馆举行隆重的开馆仪式。出席仪式的有时任国际奥委会主席萨马兰奇、西班牙国王卡洛斯和王后等贵宾以及近2 000名国际奥委会和其他国际体育组织的官员。

博物馆内陈列着国际奥委会在过去几十年中收集的与奥运会有关的珍贵纪念品，如1936年以来历届夏季、冬季奥运会用过的共27个火炬、第一届奥运会的金牌、刘易斯1984年在洛杉矶奥运会上夺取200米金牌时穿的跑鞋等。二楼的三个大屏幕电视可以使参观者尽情欣赏体育名将们的风采。

奥林匹克博物馆

顾拜旦和萨马兰奇

2. 开放时间

5 月 1 日—9 月 30 日：每天 9:00—18:00。

10 月 1 日—4 月 30 日，星期二—星期天：9:00—18:00。

3. 门票价格

成人：15 瑞士法郎。

6～16 岁青少年：10 瑞士法郎。

历届奥运会宣传册

运动员装备

北京奥运会奖牌

4. 交通方式

地铁：至乌契站步行5分钟即可到达。

9.2.5 万国宫 Palais des Nations

万国宫是联合国的欧洲总部驻地，位于日内瓦东北郊的日内瓦湖畔，与巍峨的阿尔卑斯山遥遥相望，于1929年在一座名为“阿里娅娜公园”的庄园上奠基，1931年开工，1937年完工。万国宫由4座宏伟的建筑群组成，周围绿树环抱，环境幽美。万国宫原本是国联的所在地，在国联解散之后，万国宫正式成为新成立的联合国的财产，并以“联合国欧洲办事处”的名义重新启用。

万国宫

1. 文化溯源

万国宫的建筑风格很有“万国特色”，大街外部用的是意大利的石灰、华河罗讷河及侏罗山的石灰石，内部用法国、意大利和瑞典产的大理石，棕麻地毯则产自菲律宾……各成员国捐献的装饰和陈设物品也让文化的多元化得到了充分的反映，细细欣赏品味，犹如走进了一个微缩的“世界文化大观园”。

万国宫还展出了国联和联合国历史上珍贵的文件、照片和文物等，展示了人类团结和发展的百年历程。

中心会议厅

中国赠送的挂毯

2. 开放时间

10:00—12:00,14:00—16:00。

3. 门票价格

成人票:12 瑞士法郎。
学生票 10 瑞士法郎。
6 岁以下儿童免费。

美国捐赠的浑天仪

《联合国宪章》签署仪式

4. 交通方式

公交：可选择搭乘 8、28、F、V、Z 路至 Appia 站下车，或搭乘 5、13、11、15 路至 Nations 站下车。

联合国前秘书长获得的诺贝尔和平奖牌

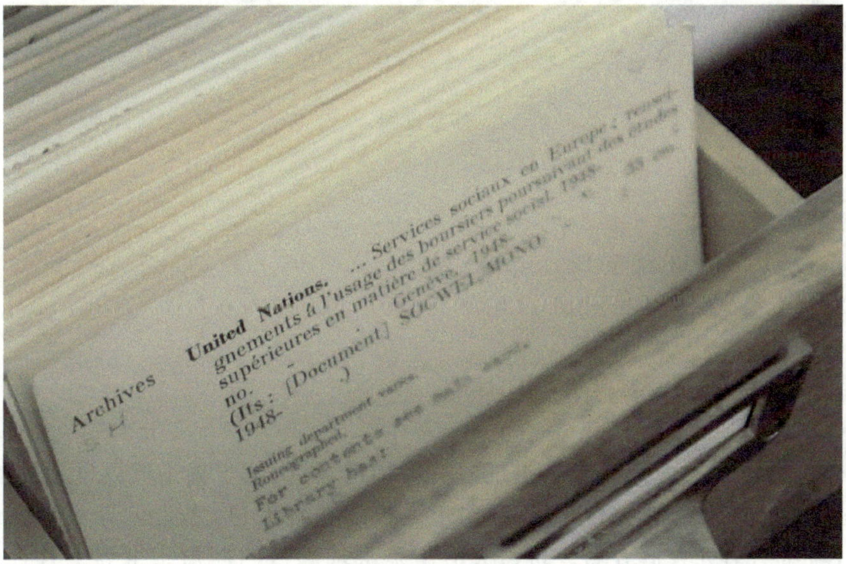

联合国档案标签

9.2.6 苏黎世湖 Zurich Lake

苏黎世湖是瑞士著名的冰蚀湖，在瑞士高原东北部，宽 4 千米，长约 39 千米，从苏黎世市向东南延伸，呈新月形。苏黎世湖风景极美，沿河畔筑有中世纪式的卵石小径，可供游人在湖边散步，游人还可游泳、野餐、日光浴和乘船游览湖区。苏黎世湖的北岸为富人居住地，号称“金岸”，而南岸则被称为“银岸”。

苏黎世湖

交通方式

无轨电车：2、5、8、9、11 路至 Bürkliplatz 站。

公交：22、161、165 路至 Bürkliplatz 站。

9.2.7 班霍夫大街 Bahnhofstrasse

瑞士苏黎世的班霍夫大街是世界上最富有的街道，大街位于瑞士苏黎世主火车站前，全长 1.4 千米，呈南北走向一直到苏黎世湖，是瑞士最长的购物大道，也是世界上商品最昂贵的购物大道之一，与纽约第五大道齐名。班霍夫沿街是琳琅满目的橱窗。世界上各种知名品牌的服装、饰品和食物等都可以在这里找到，被誉为富人的消费天堂。格罗布斯和耶尔莫利两座耀眼的消费天堂，及有"苏黎世精灵"之誉的五大银行总部、著名巧克力店 Sprüngli 于苏黎世最大的分店都坐落在此。

交通方式

从苏黎世火车站出发步行即可到达。

班霍夫大街

9.2.8　西庸城堡 Chillon Castle

西庸城堡是一座雄伟的中世纪水上城堡，四周环绕着美丽的日内瓦湖与雄伟的阿尔卑斯山脉，由于它建立在日内瓦湖畔的岩石上，远观给人以漂浮在水面的奇异感觉，故被称为“建筑史上一颗奇异的珍珠”，是瑞士最负盛名的古迹之一，也是“欧洲十大古堡”之一。“西庸(chillon)”在法文中是“石头”的意思，也许它的名字就来源于它所在的那块凸出湖岸的巨岩。西庸城堡在漫长的历史中扮演过军事要塞、监狱、避暑行宫等不同角色，因英国诗人拜伦的名篇《西庸的囚徒》而名扬天下。

1. 开放时间

10:00—17:00。周六不开放。

2. 门票价格

成人:12 瑞士法郎。
6～16 岁儿童:6 瑞士法郎。
家庭票:28 瑞士法郎。

3. 交通方式

公交:201 路(蒙特勒及沃韦出发)至 Chillon 站下车。

西庸城堡

渡轮:(洛桑,蒙特勒及沃韦出发)至 Chillon 码头区域。

火车:至 Veytaux - Chillon 站下车。

9.2.9 少女峰 Jungfrau

少女峰是欧洲的最高峰,是伯尔尼高地最迷人的景观,被称为阿尔卑斯山的“皇后”。少女峰海拔 4 158 米,横亘 18 千米,宛如一位少女,披着长发,银装素裹,恬静地仰卧在白云之间。少女峰铁路公司和因特拉肯旅游局在顶峰火车站联合修建了一条名为“阿尔卑斯震撼”的环形长廊,用以展示该条铁路建造的百年历史和阿尔卑斯山旅游业的发展历程。

1. 开放时间

全年全天。

2. 交通方式

乘坐少女峰铁道到少女峰顶。

3. 车票价格

往返+二等座位:204.4 瑞士法郎;单程+二等座位:102.2 瑞士法郎。

少女峰列车

环形长廊

9.2.10 卡佩尔廊桥 Chapel Bridge

卡佩尔廊桥是卢塞恩的重要标志，是卢塞恩的水上城墙，始建于1333年，也是欧洲最古老的有顶木桥。桥的横眉上绘有120幅宗教历史油画，沿途还可以欣赏描述当年黑死病流行景象的画作。桥身近中央的地方有一个八角形的水塔，是作战时安放战利品及珠宝之处，有一段时间也用作监狱及行刑室。水塔与花桥一个伫立，一个横卧，构成绝妙的水塔廊桥美景。

卡佩尔廊桥

廊桥上的画作

1. 开放时间

全年全天。

2. 交通方式

公交:1、6、7、8、14、19、22、23、24、73、N3、N4、N7 路至 Schwanenplatz 站,下车后向南步行 100 米即可到达。

9.2.11 狮子纪念碑 Lion Monument

“濒死的琉森狮子”是世界最有名的雕像之一,由丹麦雕塑家巴特尔·托瓦尔森设计雕刻而成。在石像的上方刻有拉丁文“HELVETIORUM FIDEI AC VIRTUTI”,意为“献给忠诚和勇敢的瑞士”。下方刻字的第一行是“DIE Ⅹ AUGUSTI Ⅱ ET Ⅲ SEPTEMBRIS MDCCXCII”,表示惨剧发生的时间:1792 年的 8 月 10 日和 9 月 2、3 日。狮子右前爪的两面盾牌上分别有象征瑞士的十字徽章和法国王室的香根鸢尾。这是为了纪念 1792 年的法国大革命中,暴民攻击法国杜乐丽宫(Tuileries)时,为保护法王路易十六及玛丽王后而死的 786 名瑞士军官和警卫所建的纪念碑,意在祈求世界和平,著名的作家马克·吐温将其誉为“世界上最悲壮和最感人的雕像”。

狮子纪念碑

1. 开放时间

全年全天。

2. 交通方式

公交:1、19、22、23 路至 Löwenplatz 站即可到达。

9.3 实用信息

9.3.1 使领馆信息

中华人民共和国驻瑞士联邦大使馆：
地址：Kalcheggweg 10，3006 Bern。
电话：031 351 4573。
传真：031 351 4573。

中华人民共和国驻苏黎世兼驻列支敦士登公国总领事馆：Mythenquai 100/Seestrasse 161，8002 Zürich，0041－44－2091500。

9.3.2 日常用语

瑞士的官方语言主要是德语、法语、意大利和罗曼什语，日常用语可以参见德国、法国和意大利部分。

第 10 章　希　腊

10.1　认识希腊

10.1.1　文史徜徉

在公元前 7000 年左右，新石器时代革命开始影响到当时的巴尔干半岛与希腊地区。约公元前 20 世纪，来自北欧的希伦人进入爱琴海一带，并且移居此地，向爱琴海沿岸的民族学习并吸收他们的文化与知识，希伦人因此逐渐文明化，并且赶走原居于爱琴海沿岸的民族，成为希腊人的祖先，希腊的原意即“希伦人居住的地方”。

新石器时代希腊陶罐

进入青铜时代，希腊及爱琴海地区先后出现了两个主要的文明。公元前 2700—公元前 1450 年，先出现了米诺斯文明，现代人对这一文明知之甚少，其称呼来自传说中克里特岛的国王米诺斯，米诺斯人拥有自己的语言，生产技术也比较先进。贸易是米诺斯的主要经济来源，地中海东部地区都曾发现来自米诺斯的工艺品，譬如印石，出产自希腊、土耳其、爱琴海诸岛、埃及以及美索不达米亚的金属制品也曾在克诺索斯遗址发现。考古学家在克里特岛上也发现了种类繁多的大型坛罐，这些坛罐是用来收藏橄榄油和葡萄酒的器具，橄榄油和葡萄酒是米诺斯人的主要出口产品。除此之外，木材、陶器、珠宝、刀具、香水以及药品也都是他们的出口产品。

公元前 1600 年左右，迈锡尼文化取代了米诺斯文明，迈锡尼人建立了由武士所领衔的贵族统治，这是希腊神话主要的设定时期，雅典、皮洛斯、底比斯等都是迈锡尼文化的重要城市。迈锡尼人将他们的贵族葬于圆顶墓，这是一种带有高高的穹顶和笔直的石砌入口通道的圆形墓室。他们通常将短剑和其他武器装备与死者合葬，而贵族更是戴有金面具、冠冕、甲胄以及镶有珠宝的武器。迈锡尼人通常以坐姿下葬，一些贵族的遗体会经过木乃伊化。

约公元前 1100 年，迈锡尼许多城市被洗劫一空，从此希腊历史进入黑暗时期，这段时期的历史记录是缺失的。考古学显示出希腊世界在这一时期文明的衰落，迈锡尼人雄伟的宫殿被摧毁或是遗弃，出土的文物也没有和之前一样精致的装饰。这一时期的历史主要由《荷马史诗》记述，因此，这一时期也被称为“荷马时代”。

公元前 776 年，第一次奥林匹克运动会召开，希腊地区的文明重新开始发展起来，进入古

迈锡尼文化遗址

荷马以及著名的特洛伊木马计

希腊时代。古希腊文明以城邦为单位，出现了极其丰富的政治制度，其民主政治制度是古代人类对直接民主制度最早的尝试之一。这一时期古希腊的文化空前发展，一大批著名的哲学家、政治家、诗人和作家活跃在历史舞台上，给人类历史留下了浓墨重彩的一笔。

著名的政治家梭伦、伯里克利和腓力二世等将古希腊的政治制度推上了高峰，而苏格拉底、柏拉图、亚里士多德、欧几里得和阿基米德等哲学巨匠则留下了丰富且宝贵的哲学和科学遗产，深刻地影响了人类的历史。

从公元前 8 世纪初—公元前 6 世纪末，古代希腊的大部分地区处于和平环境之中，没有受到外族的严重威胁。公元前 8 世纪，希腊人在改造腓尼基字母的基础上重新创造了自己的文字。随着生产力的发展、人口的增加、城市的产生和发展，从公元前 8 世纪起，在希腊半岛、爱琴海诸岛以及小亚细亚沿岸的希腊人中，又开始创建并形成国家。公元前 8 世纪中叶—公元前 6 世纪末，希腊人的广泛移民活动是社会经济变革的一个重要因素。商人外出贸易，破产者到海外谋生，政治斗争的失败者陆续在海外占据一些殖民点。随着希腊人口的增长和社会经济的发展，殖民范围扩大。

希腊人在向外扩张的同时，也不断发展内部各地区间的交往。以宗教活动为主要内容的许多“近邻同盟”的建立，奥林匹亚、德尔斐等逐渐具有全希腊意义的宗教中心和竞技中心的产生和发展，促进了希腊人之间的相互了解和经济、文化交流。城邦之间也发生过不同性质的战争，包括斯巴达征服美塞尼亚那种希腊人奴役希腊人的战争。

“希腊三贤”苏格拉底、柏拉图、亚里士多德

在文学方面，有诗人荷马留下的巨著《荷马史诗》，也有三大悲剧作家埃斯库罗斯、索福克勒斯、欧里庇得斯留下的名作《被缚的普罗米修斯》《俄狄浦斯王》和《阿尔克提斯》等。

俄狄浦斯王

公元前492年和公元前480年，波斯帝国对希腊进行了两次大规模的入侵，均遭到挫败，史称希波战争，古希腊文明进入高峰。公元前431年，雅典领导的提洛同盟和斯巴达领导的伯罗奔尼撒同盟之间再次爆发战争，史称伯罗奔尼撒战争，其中的马拉松战役更是今天马拉松比赛的起源。雅典民主制结束，取而代之的是斯巴达人支持的寡头政府。

马拉松战役

公元前 335 年，马其顿国王亚历山大大帝夷平底比斯，除斯巴达外的希腊众城邦降伏，古典时代结束，希腊化时代开始。亚历山大大帝建立了横跨三大洲的大帝国，是公认的军事天才，也是人类历史上最有影响力的人物之一。

亚历山大大帝

随着亚历山大大帝的突然死亡，其建立的庞大帝国瞬间瓦解，希腊诸国再次陷入分裂。希腊周边的托勒密埃及、塞琉古帝国和罗马都与希腊进行了战争，最终在公元前 198 年的第二次马其顿战争中，罗马击败了马其顿，马其顿在希腊的霸权中宣告结束。公元前 146 年，马其顿正式成为罗马的一个行省以后，希腊大部分的城市都受到罗马的控制，之后都加入了一个罗马控制的同盟，而民主政体被亲罗马的贵族政治所取代。

395 年，罗马帝国分裂，原本由东罗马帝国统治的埃及、巴勒斯坦及叙利亚等地又在 7 世纪被阿拉伯人入侵及占领，于是希腊成为帝国的主要部分。1 世纪，希腊东正教建立，塑造了现代希腊的文化认同，并将希腊传统传播至正教世界。但是，随着 1453 年拜占庭帝国被奥斯曼帝国所灭，希腊的拜占庭时期宣告结束。

奥斯曼人结束了 1204 年以来的分裂局面，希腊进入奥斯曼帝国统治的历史阶段，他们由驻索菲亚的欧洲领地总督直接管辖。一些不愿受到奥斯曼人统治的希腊知识分子阶层向西欧

第二次马其顿战争

君士坦丁堡的东正教教堂

移民，由此加快了文艺复兴的到来。从17世纪末期开始，移居在君士坦丁堡的希腊人逐渐受到奥斯曼帝国的重用，他们和仍居于希腊半岛的本土希腊人日渐隔阂与断裂。

1774年，奥斯曼帝国在第五次俄土战争中大败给俄国后，对希腊的控制力开始减弱。1789年，欧洲发生法国大革命，革命的口号对希腊产生了影响，民族意识水涨船高，加上奥斯曼帝国逐渐出现贪污、腐化现象且日渐衰落，希腊人民的独立意识开始增强。1821年，希腊人发动了希腊独立战争，1827年，多国在纳瓦里诺海战中击溃了奥斯曼和埃及的联合舰队，希腊在1832年得以顺利独立。

在独立初期，即19—20世纪早期，希腊发动了一系列对于奥斯曼的战役，旨在扩张自己的

纳瓦里诺海战

疆域而吸纳更多生活在奥斯曼统治下的希腊族人，经由奥托一世和乔治一世两任国王的治理，希腊的领土和人口逐渐上升，直到 1947 年完成了版图。第一次世界大战中，希腊站在了协约国一方，反对奥斯曼帝国及其他同盟国国家。随着奥斯曼帝国被推翻，居住在土耳其的大量希腊居民返回了希腊。第二次世界大战中，希腊选择了加入同盟国，1940 年遭到意大利入侵，希腊人民奋起反抗，纳粹德国不得不介入并最终占领了希腊。

第二次世界大战中的希腊游击队

第二次世界大战后，希腊国内政局不稳，经济恢复缓慢，直到 1975 年新的民主共和国宪法生效，希腊的经济社会情况才有所改善，并且稳步成长，于 1981 年加入了欧洲联盟，欧盟的援助以及旅游、航运、服务、轻工业的收入所实现的基础建设给希腊人带来了前所未有的生活水准。

10.1.2 今日速览

希腊全称希腊共和国，官方语言是希腊语，位于欧洲东南角，是连接欧亚非的战略要地。

希腊是一个发达的资本主义国家，也是欧盟、欧元区、申根区、北约的成员国。希腊生活质量较高，人类发展指数极高。独特的文化、旅游业、船运业及战略地位使其跻身中等强国之列。

希腊国旗

1. 政 治

希腊的国家体制为"总统议会共和制"，希腊由总理和内阁主导政治进程，总统为国家元首，总统在象征性的职权之外还可以行使一些政府功能，立法权归属议会和总统，行政权归属总理，司法权由法院行使。

希腊现行宪法于1975年6月11日生效，1986年通过的宪法修正案使总统的权力缩小。根据希腊宪法的规定，希腊实行多党制。

希腊议会为一院制立法机关，议会的主要职能是立法和监督政府工作。希腊最高司法机关包括最高法院和最高行政法院及检察机构。法院分初级、上诉及最高法院三级。

2. 经 济

希腊属欧盟经济中等发达国家之一，希腊的主要行业为旅游、航运、工业产品、食品和烟草加工、纺织、化工、金属制品、煤矿以及石油业。其海运业发达，与旅游、侨汇并列为希腊外汇收入三大支柱。其农业较发达，工业主要以食品加工和轻工业为主。希腊政府积极推行经济和社会福利改革，一方面加大打击偷、漏税力度，另一方面积极刺激消费，鼓励外来投资，取得了一定效果。希腊是欧盟经济援助的主要受惠国，其主要经济指标不断改善，经济增长连年超出欧盟平均水平。

农业是希腊的传统产业，得益于温和的气候及丰富的地形条件，希腊农产品种类繁多，品质优越。希腊属丘陵地区，可耕种的土地面积占国土面积的30%，其中灌溉农业面积占37%。64%的耕地面积用于种植粮食作物，其他则用于种植果树、橄榄树和蔬菜等。

希腊是世界上最早造船和进行海上航行的国家之一，航运业是希腊的传统支柱产业。希腊以世界0.15%的人口，控制了全球近21%、欧盟逾53%的商业船队运力，是名副其实的世界第一航运大国，在全球航运业中占据着十分重要的地位。据希腊央行数据统计，2019年，航运给希腊带来147.3亿欧元外汇收入，占服务贸易总收入的36.7%，相当于全年GDP的近8%。在港口方面，位于雅典西南的比雷埃夫斯港是希腊自古以来最重要的港口，被视为欧洲的“南大门”。

3. 文　化

古希腊是西方文明的发源地，拥有悠久的历史，创造过灿烂的古代文化，并对欧、亚、非三大洲的历史发展有过重大影响。希腊城邦的繁荣催生出希腊璀璨的古代文化，古代希腊人在广泛吸收西亚和埃及等地文化成就的基础上，根据生产、社会和政治的需要，在数学、天文、医学、建筑、雕刻、戏剧、诗歌、哲学、历史、演说术等众多领域做出了富有创造性的巨大贡献。希腊拥有不朽的《荷马史诗》和众多的文化伟人，诸如喜剧作家阿里斯托芬，悲剧作家埃斯库罗斯、索福克勒斯、欧里庇得斯，哲学家苏格拉底、柏拉图，数学家毕达哥拉斯、欧几里德，雕塑家菲迪亚斯等。希腊还是奥林匹克运动会的发源地。

在不同时期和不同文化领域，希腊诸邦都为丰富希腊的文化宝库做出了努力。在希腊文化时期，由于希腊文化与亚洲和非洲各地文化在新的历史条件下发生某种程度的融合和相互影响，使传统的希腊文化有了新的内容。古代希腊文化是属于奴隶占有制社会经济形态的文化，其发展与奴隶占有制密不可分，并对后世产生重大影响。

希腊神话或传说大多来源于古希腊文学，包括如《荷马史诗》中的《伊利亚特》和《奥德赛》、赫西奥德的《工作与时日》和《神谱》、奥维德的《变形记》等经典作品，神话谈到诸神与世界的起源、诸神争夺最高地位及最后由宙斯胜利的斗争、诸神的爱情与争吵、神的冒险与力量对凡世的影响，包括与暴风或季节等自然现象和崇拜地点与仪式的关系。

希腊的官方语言为希腊语(希腊语属于印欧语系)。另外，雅典人多讲法语，而爱奥尼亚群岛和伊庇鲁斯则通行意大利语。希腊语所使用的字母是希腊字母，它是世界上最早有元音的字母，也广泛应用于数学、物理、生物、天文等学科。

在希腊进行商务访问，宜穿着保守式样的夏季薄料西装。只有在拜访政府机关或工厂时，才需要事先预约时间。希腊商人有着高度的幽默感，爱说笑。而在谈生意时，主人先请客人选择喝浓厚的希腊咖啡或希腊烈酒 Ouzo，如果客人贸然拒绝，会被对方视为羞辱。希腊人对其古代多彩多姿的历史、古迹、哲学、艺术、政治深以为荣，因此，对于同样具有悠久历史的中国人深有好感，但是谈话的话题应避免谈及希腊国内政治以及希腊和塞浦路斯的关系，以免使自己陷入失言的困境。

在希腊的一些乡村，每逢元旦到来，人们便带着一块大石头作为礼物到亲友家拜年，并把它放在地板上向主人祝愿说：“愿你家有一块像这石头一样大的金子！”

希腊有非常独特的“索菲奖”，“索菲”在古希腊语中意为“智慧”，该奖旨在表彰那些以自己特有的专业才能，运用来自不同文明背景的智慧为人类幸福做出贡献的杰出人士。2009 年 7 月，清华大学教授邓伟在希腊著名的文化圣地德尔斐获得“索菲奖”，成为接受此项奖项的第一个中国人。

公元前 776 年，希腊人规定每 4 年在奥林匹亚举办一次运动会。古代奥运会之所以在古希腊出现，是由地理环境、经济生活方式、文化习俗、宗教信仰、价值观念、审美观点等多种历史文化因素铸造成的一个客观历史现象。一般历史学家都认为，从公元前 776 年始，竞技表演以比赛形式出现，因而人们通常将其作为古代奥林匹克运动会的起始年代。古奥运会是一种泛希腊的宗教庆典，有如下三个特点：一是对奥林匹斯山诸神的膜拜；二是有一种独特的祭祀制度；三是有丰富的宗教神话传说。

希腊实行九年义务教育制，公立中小学免费，大学实行奖学金制。希腊的教育经历了一个长期发展的过程，教育立法较早，随着社会的发展变化，其立法条款不断修改和增加。希腊的高等教育主要包括两部分：大学和高等职业学校。

希腊有健全的医疗保障体系，人的平均寿命为 80.3 岁，超过了世界经济合作与发展组织的平均年龄 79.5 岁，处于世界的前列。在希腊的卢卡利亚岛上，大约 33%的居民寿命达到 90 岁或以上。

希腊积极促进和维护欧洲一体化进程，依托欧盟维护民族独立和国家安全是希腊外交政策的根本出发点。希腊积极发展同美国和北约的关系，主张北约与欧盟在维护和平与安全上共同发挥作用，支持欧盟组建欧洲多国快速反应部队，并积极发挥在联合国及其他国际组织的作用，倡导东南欧合作进程机制化，积极推动建立东南欧自贸区，鼓励和促进本地区国家融入欧洲。希腊还重视发展与包括中国和印度在内的亚太国家关系，希腊希望通过加强经贸合作，从中、印等国的经济快速发展中获益，达到服务希腊经济的发展目标。

雅典是希腊的首都，是希腊最大的城市以及经济、财政、工业、政治和文化中心，也是东南欧最大的经济中心之一，拥有庞大的金融部门，其比雷埃夫斯港是欧洲最大的客运港，也是世界第二大客运港。雅典记载于册的历史长达 3 000 多年，被誉为“西方文明的摇篮”，也是奥运会的发源地。著名的雅典卫城的帕特农神庙被视为西方文化的象征。

雅典

希腊是世界航运大国，海运业是国家经济的重要支柱产业，海运业大约为 19 万人提供了就业机会；另一大支柱产业是旅游业，占希腊 GDP 以及外汇收入的很大一部分。但希腊是欧盟经济援助的主要受惠国，受欧盟援助的资金大约占总 GDP 的 3.3%。

希腊港口

10.2 旅游打卡

10.2.1 雅典卫城 Acropolis of Athens

雅典卫城，希腊语原意为“高处的城市”或“高丘上的城邦”，是希腊最杰出的古建筑群，是综合性的公共建筑，为宗教、政治的中心地。雅典卫城面积约有 3 公顷(3 万平方米，其东西长约 280 米，南北最宽约 130 米)，位于雅典市中心的卫城山丘上，始建于公元前 580 年。卫城中最早的建筑是雅典娜神庙和其他宗教建筑。作为古希腊建筑的代表作，雅典卫城达到了古希腊圣地建筑群、庙宇、柱式和雕刻的最高水平。

雅典卫城

1. 文化溯源

雅典的城名来自智慧女神雅典娜的名字。在古希腊神话中，人们在爱琴海边建立了一座新城，雅典娜希望成为这座城的保护神，海神波塞冬也想获得新城的归属权，他们互不相让，于是争夺起来。

后来，神王宙斯裁定，谁能给人类一件最有用的东西，该城就归属谁。波塞冬用三叉戟敲了敲岩石，从里面跑出了一匹象征战争的战马。而雅典娜用长矛一击岩石，石头上立即生长出一株枝叶繁茂、果实累累的橄榄树。橄榄树象征着和平和丰收，人们欢呼起来。于是，雅典娜成为新城的保护神。人们用她的名字将城命名为雅典，并将橄榄树栽到雅典各处。

雅典娜和波塞冬之争

卫城建筑群包括许多著名的建筑物。卫城山门(Propylea)是卫城的入口，多利安式及奥爱尼亚式列柱巧妙地穿插并列，气势雄伟。以前山门是由两侧的宫殿组成的，如今仅剩五个门的柱子。

雅典娜胜利女神庙(Temple of Athena Nike)，也称无翼胜利女神殿，位于卫城前门南翼旁，是一座具有爱奥尼亚式列柱的优美神殿。传说雅典市民为了使胜利永驻，就将胜利女神的双翼砍下，这就是无翼胜利女神殿的由来。

帕特农神庙(Parthenon Temple)是卫城上最负盛名的一层建筑，更是举世闻名的古代七大奇观之一，也是西方以至世界上最早的古代大庙宇。神庙长 70 米、宽 31 米，被 48 根多利安式列柱所环绕，每根柱子高 10 米，直径 2 米，总面积达 1 200 平方米。相传神庙是为了歌颂雅典战胜波斯侵略者的胜利而建，庙内曾经还存放一尊黄金象牙镶嵌的全希腊最高大的雅典娜女神像。

伊瑞克提翁神庙(Erechtheion)建于公元前 395 年，内部有一尊雅典娜的木雕像，在这座神殿南侧廊台的六尊女像柱(Caryatids)是属于爱奥尼亚式柱的变形。人们在 21 世纪所看到的优美女像列柱结构完美，不致在视觉上产生不自然的感觉，不过这些并非真品，由于担心空气污染，而由复制品取代。

山门

雅典娜胜利女神庙

2. 开放时间

8:00—18:30，因季节和特殊时期有所变化。

伊瑞克提翁神庙

4月1日—12月31日:8:00—18:00。

3. 门票价格

套票30欧元。

4. 交通方式

地铁:2号线至Acropolis站下车即可。

10.2.2 卫城博物馆 Acropolis Museum

雅典卫城博物馆位于雅典卫城的东南角,距帕特农神庙仅百米之遥,在卫城遍地的古迹中,这座现代风格的玻璃建筑尤为惹眼。这座新卫城博物馆建于马科利亚尼(Makrygianni)的考古遗址之上,由世界知名建筑师伯纳德·屈米和希腊建筑师米哈利斯设计建造,占地面积是旧卫城博物馆的10倍。

博物馆由100多根混凝土柱支撑,柱子上面则是由若干三角形和长方形的立面组成的三层建筑,整个建筑内部结构与帕特农神庙的内殿完全相同。这里收藏了诸多19世纪雅典卫城及其周边的出土文物和复原古迹。

1. 文化溯源

博物馆主要收藏和展览卫城帕特农神庙及其他神庙的残存文物,以帕特农神庙外墙浮雕为代表。

卫城博物馆

帕特农神庙展厅

帕特农神庙外墙浮雕

博物馆藏品——亚历山大大帝头像、希腊文石板和雅典娜像

2. 开放时间

4月—10日:8:00—19:00。

11月—3月:8:00—17:00。

3. 门票价格

11月1日—3月31日:普通票5欧元;优惠票3欧元。

4月1日—10月31日:普通票10欧元;优惠票5欧元。

4. 交通方式

地铁:2号线至Acropolis站下车即可。

公交:24、40、57、103、106、108、111、126、134、135、136、137、155、206、208、227、230、237、790、856、A2、A3、A4、A2、A3、A4、E2、E22路至Makryianni站下即可。

有轨电车:1、5、15路至Makryianni站。

10.2.3 帕纳辛奈科体育场 Panathinaiko Stadium

帕纳辛奈科体育场又名泛雅典运动场,原意是“漂亮的大理石”。体育场坐落于雅典市中心,在古时候常常用来举办纪念雅典娜女神的泛雅典运动会,1895年为举办首届现代奥运会而重建。这座大理石体育场是当年进行各项比赛的主要场地,它是在雅典古运动场的废墟上重建而成的,是世界上唯一一座全部利用大理石兴建的大型体育场。2008年中国北京奥运会的圣火交接仪式就是在此举行的。

帕纳辛奈科体育场

1. 文化溯源

第二次世界大战后至今，希腊体育和文化部门共同努力，对帕纳辛奈科体育场进行了升级改造，其跑道、采光和消防设施以及周边环境等都有了很大改进。在 2004 年雅典奥运会上，帕纳辛奈科体育场再次启用，成为马拉松比赛的终点和射箭比赛的体育场。这里有可以容纳 4 万人的空间，人们可以观看马拉松运动员冲过终点那激动人心的瞬间。

2021 年 10 月 19 日，北京冬奥会火种在希腊首都雅典的帕纳辛奈科体育场（大理石体育场）正式由希腊奥委会交接给北京冬奥组委。

北京冬奥会圣火交接仪式

2. 开放时间

教堂：3 月 1 日—10 月 31 日：10:00—18:00；11 月 1 日—次年 2 月 28 日：10:00—17:00。

登塔：3 月 1 日—10 月 31 日：10:00—17:00（周一—周六），12:30—17:30（周日）；11 月 1 日—次年 2 月 28 日：10:00—16:30（周一—周六），12:30—16:30（周日）。

3. 门票价格

免费。

4. 交通方式

无轨电车：4、15 路至 Helmhaus 站。

10.2.4 德尔菲博物馆 Delphi Archaeological Museum

德尔菲博物馆位于希腊中部的德尔菲，这座由享有盛名的博物馆建筑大师帕特罗克劳斯设计的馆舍依山而建，风格沉稳而内敛，几乎与周围的环境融为一体，若不知道底细，丝毫感觉不出这是古希腊艺术品最重要的收藏地之一。

德尔菲博物馆

1. 文化溯源

据说，德尔菲曾是古代世界精神文明的中心。希腊神话中，宙斯神为了确定“世界的中心”，从相反方向放出两只老鹰让它们反向飞行，相会的地方就是“世界的中心”，然后委派它最疼爱的儿子阿波罗太阳神管理这个世界的中心，并赐他一块卵形石，这块卵形石被称为“地球的肚脐”，这使德尔菲成了“神谕”的起源。对于希腊诸神来说，德尔菲是所有希腊圣地中最重要的神殿。

卵形石“地球的肚脐”

古希腊石像

2. 开放时间

夏季:周一,11:00—19:00;周二—周日,7:30—19:00。
冬季:周一,11:00—19:00;周二—周日,7:30—17:00。

3. 门票价格

德尔菲博物馆门票 3 欧元,遗址门票 6 欧元,联票 9 欧元。

4. 交通方式

自驾前往德尔菲小镇即可。

10.2.5 圣托里尼 Santorini

圣托里尼是在希腊大陆东南 200 千米的爱琴海上由一群火山组成的岛环,在世界两大大陆板块最深的海沟之间。岛环主要由圣托里尼岛、小希拉岛和纳亚·卡美尼岛组成。岛上有著名的伊亚镇和费拉小镇,这里景色宜人,白色的建筑和远处碧蓝的大海交相辉映,浓浓的地中海风情让游人徜徉其中,享受宁静。

蓝顶教堂是圣托里尼明信片式的地标建筑,曾作为封面出现在美国《国家地理》杂志上。教堂很小,在紧邻海边的山坡上,可见到白色建筑、蓝色圆顶和蔚蓝大海的经典组合。早上太阳升起和下午黄昏时是拍摄大教堂的较佳时间。

交通方式

岛上各个主要景点及机场和港口均有公交抵达,每半小时至一小时一班。

费拉小镇

蓝顶教堂

10.2.6 沉船湾 Navagio Beach

沉船湾是希腊扎金索斯最著名的景点。1983 年，走私船 Panagiotis 号在运送香烟时失事搁浅于此，该地自此得名“沉船湾”。在陡峭的悬崖、清澈蔚蓝的海水、洁白的沙滩间，鬼斧神工地横着一条锈迹斑斑的老铁船，为游客带来视觉上的极大震撼。

沉船湾

交通方式

在扎金索斯当地可以购买一日游出海活动票，15 欧元一人，可直抵沉船湾游览。

选择在扎金索斯岛上自驾前往，沿 Επαρ. Οδ. Ζακύνθου 公路向西行驶约 35 千米即可到达。

老铁船

10.3 实用信息

10.3.1 使领馆信息

中华人民共和国驻希腊共和国大使馆：
地址：Dimokratias 10, P. Psychico, 15452, Athens。
电话：+30 6973730680。
传真：+30 2106718839。
办公时间：周一—周五(节假日除外)9:00—12:30,15:00—18:00。

10.3.2 日常用语

εγώ/εσείζ 我/您
καλά/άσΧημα 好/不好
γεια σαϚ/αυτίο 您好/再见
εαλημέρα/καληνύΧτα 早上好/晚安
ευΧαριστώ/παρακαλώ 谢谢/请
με συγΧωρείτε 打扰了(交流时)
πώϚ σαϚ λένω; 您怎么称呼?
επττρέψτε μου να περάσω 请借过
πείτε μου 请告诉我
βοηθήστε με, παρακαλώ 请帮帮我吧
γράψτε το 请把它写下来
επαναλάβετε 请重复一下
δεν καταλαβαίνω 我不明白

Μιλάτε αγγλικά; 您会说英语吗?
Από που είσαι; 您来自哪儿?
Είμαι από την Κίνα. 我来自中国。
Παρακαλώ μιλήστε αργά. 请您慢点说。
Συγγνώμη, δεν κατάλαβα. 对不起,我没听懂。
Ποια είναι η ημερομηνία σήμερα; 今天几号?
Τι ώρα είναι τώρα. 现在几点。
'ΕΧω ένα μπιφτέκι και ένα τηγανητό μπούτι κοτόπουλου. 我吃一个汉堡,一个炸鸡腿。
ΕαϚ ευΧαριστώ πολύ για τη βοήθειά σαϚ! 非常感谢你的帮助!
Πού είναι το ταΧυδρομείο; 邮局在哪里?

Συγγνώμη,πώς μπορώ να φτάσω στο σταθμό των λεωφορείων; 对不起,汽车站怎么走?

Μπορώ να ρίξω μια ματιά σε αυτό το ρολόι; 我可以看看这块表吗?

Γο αγορασα. 我买了。

Δείξτε το διαβατήριό σας,την τελωνειακή σήλωση και τη δήλωση υγείαζ. 请您出示护照、报关单和健康申报单。